Encontros Etnográficos
interação, contexto, comparação

FUNDAÇÃO EDITORA DA UNESP

Presidente do Conselho Curador
Mário Sérgio Vasconcelos

Diretor-Presidente
Jézio Hernani Bomfim Gutierre

Superintendente Administrativo e Financeiro
William de Souza Agostinho

Conselho Editorial Acadêmico
Áureo Busetto
Carlos Magno Castelo Branco Fortaleza
Elisabete Maniglia
Henrique Nunes de Oliveira
João Francisco Galera Monico
José Leonardo do Nascimento
Lourenço Chacon Jurado Filho
Maria de Lourdes Ortiz Gandini Baldan
Paula da Cruz Landim
Rogério Rosenfeld

Editores-Assistentes
Anderson Nobara
Jorge Pereira Filho
Leandro Rodrigues

UNIVERSIDADE FEDERAL DE ALAGOAS

Reitor
Eurico de Barros Lôbo Filho

Vice-reitor
Rachel Rocha de Almeida Barros

Diretora da Edufal
Maria Stela Torres Barros Lameiras

Presidente Conselho Editorial Edufal
Maria Stela Torres Barros Lameiras

Secretária
Fernanda Lins de Lima

Conselho Editorial Acadêmico
Anderson de Alencar Menezes
Bruno César Cavalcanti
Cícero Péricles de Oliveira Carvalho
Eurico Eduardo Pinto de Lemos
Fernando Antônio Gomes de Andrade
Fernando Sílvio Cavalcante Pimentel
Geraldo Majela Gaudêncio Faria
Janaína Xisto de Barros Lima
José Ivamilson da Silva Barbalho

Michel Agier

Encontros Etnográficos
interação, contexto, comparação

Tradução
Bruno César Cavalcanti
Maria Stela Torres B. Lameiras

Revisão Técnica
Yann Hamonic

© L'Oeil neuf éditions, 2004
Título do original francês: La Sagesse de l'Ethnologue
© 2015 Editora Unesp

Tradutores
Bruno César Cavalcanti
Maria Stela Torres B. Lameiras

Revisão Técnica
Yann Hamonic

Coordenação Editorial: Fernanda Lins
Capa: Werner Salles Bagetti / Núcleo Zero
Fotografia da capa: Odile Hofmann.
À esquerda, Don Rufino Cortes Ortiz, e à direita Michel Agier. Rio Pilvi, Narinho, Costa do Pacífico, Colômbia,1998.
Editoração eletrônica: Mariana Lessa de Santana

CIP-BRASIL. CATALOGAÇÃO-NA-FONTE
SINDICATO NACIONAL DOS EDITORES DE LIVROS, RJ

A213e

Agier, Michel
  Encontros etnográficos : interação, contexto, comparação / Michel Agier ; tradução Bruno César Cavalcanti, Maria Stela Torres B. Lameiras, Yann Hamonic. - 1. ed. - São Paulo : Editora Unesp; Alagoas : Edufal, 2015.
  100 p. ; 21 cm.

  Tradução de: La sagesse de l'ethnologue
  ISBN 978-85-393-0603-9. (Editora Unesp)
  ISBN 978-85-7177-890-0. (Edufal)

  1. Etnologia. 2. Antropologia. 3. Ciências sociais. I. Título.

CDD: 306
CDU: 316.7

Direitos de publicação reservados à:
Fundação Editora da Unesp (FEU)
Praça da Sé, 108
01001-900 – São Paulo – SP
Tel.: (0xx11) 3242-7171
Fax: (0xx11) 3242-7172
www.editoraunesp.com.br
www.livrariaunesp.com.br
FEU@EDITORA.UNESP.BR

Editora afiliada:

Associação Brasileira
das Editoras Universitárias

Sumário

1. "Eis aí o Homem!" ▪ 07
2. O espaço ▪ 17
3. Viajantes sem história ▪ 29
4. O tempo ▪ 45
5. A guerra ▪ 57
6. Palavras ▪ 71
7. O olhar das margens ▪ 87
8. Referências ▪ 97

1
"Eis aí o Homem!"

Nada desagrada mais ao etnólogo do que o *Reader's digest*. O que o etnólogo transmite caminha lentamente da observação à interpretação, da prática à teoria. Iniciação, lição, aprendizagem, exercícios: são palavras de um saber que nasce numa longa relação com as pessoas de seu "campo" [1].

Tudo o que o etnólogo faz tem uma dupla dimensão. Uma é minuciosa – o detalhe é seu companheiro, ele busca encontrar as especificidades, a menor diferença o interessa.

---

[1] No Brasil, as expressões "etnólogo" e "etnologia" têm emprego mais raro ou muito específico (a exemplo de "etnologia indígena" ou "etnologia brasileira"), o que, às vezes, leva à opção de traduzi-las simplesmente por "antropólogo" e "antropologia". Contudo, manteremos o emprego predominante das duas primeiras expressões que faz Michel Agier no original francês, uma vez que em algumas passagens ele também utiliza "antropólogo" e "antropologia" com um sentido diferenciado, a saber: etnologia e etnólogo para a prática da investigação num dado contexto empírico e suas interpretações diretas, enquanto antropologia e antropólogo quase sempre para os casos em que se trata de referências de caráter mais universalista. Para ele, "etnologia" e "antropologia" implicam, em todo caso, numa reflexividade sobre a prática etnográfica como experiência pessoal e como fonte de saber. Por outro lado, no decorrer do texto foi preservado igualmente o destaque em itálico, ou com o uso de aspas, que o autor deu a determinadas frases ou palavras para as quais quis chamar a atenção de um modo mais destacado (N.T.).

Ele pesquisa as relações sociais, os sistemas de parentesco, as associações de classes de idade na África ou as associações de bairro nas *cités* francesas[2]. Em nosso cotidiano, também estuda a violência social ou as guerras civis. Busca compreender os motores da memória, do esquecimento, do segredo, descobrir como essa ou aquela sociedade pratica o luto de seus mortos e revigora sua comunidade por ocasião dos funerais.

Os grandes acontecimentos assim como os pequenos momentos da vida ele acredita ser possível transformá-los em uma riqueza: uma cultura em formação, uma política dos lugares, uma inovação social. Ele passa um tempo imenso a observar a vida cotidiana, para lhe reconstituir a forma e o sentido na escrita de um texto, às vezes de um filme, agora também em um produto multimídia.

As dores, as alegrias, as interrogações das pessoas que ele encontra e, sobretudo, suas respostas aos problemas, às vezes, às desgraças, que se apresentam a elas, constituem a base e a "matéria" de sua reflexão.

O etnólogo faz sua colheita removendo a terra seca das evidências: seu *savoir-faire*, por mais intelectual que seja, tem alguma coisa do camponês, do artesão; o "campo" é como a terra: que se afofa, que se tritura, que se sente, que se trabalha.

Eis aqui a outra dimensão do ofício: tudo o que aprende lá, o etnólogo o mostra aqui. Ele traz o que aprende de sua viagem para comparar, mas sobretudo para aproximar, fazer dialogar, mostrar o que existe de comum nesse mundo de diferenças. O que faz dele um antropólogo: sua pesquisa visa construir um saber sobre o humano, de alcance universal.

---

[2] *Cité* caracteriza certas áreas urbanas criadas, muitas vezes nos subúrbios, com a construção de conjuntos habitacionais (N.T.).

Então, nada de etnografia sem antropologia; para evitar o fechamento numa comunidade étnica ou numa equipe científica, ambas muito estreitas, herméticas e, finalmente, mudas. Reciprocamente, não há antropologia sem etnografia, pois a descoberta do outro que funda o saber dos antropólogos só pode ser uma aventura pessoal, marcante e sempre renovada. Ela não pode ser delegada aos aplicadores de questionários, não pode resultar de questões previamente pensadas pelo pesquisador e postas nos questionários "para verificação". Representa a experiência social sobre a qual o etnólogo se apoia para construir um saber original. Prático, esse saber pode se dizer um saber-viver.

O etnólogo é um pesquisador insatisfeito com suas próprias palavras, cujas nuances intermináveis parecem desdizer o propósito central, um pensador que contesta as definições e se encontra assim aparentemente sem anteparo (e sempre "cientista maluco", tanto distraído quanto infatigável). "Aonde ele quer chegar?", "Quais são seus objetivos?" perguntarão o estudante, o contribuinte, o leitor culto ou militante dos direitos do homem. Diante disso, o etnólogo tem alguns argumentos para se defender dos desafios consideráveis do conhecimento etnográfico (que ele é o único, ou quase, a perceber no momento onde pretende intervir num debate geral!) e que o tornam relutante a toda "redução" de seu saber. E se nesse gosto pelos destinos minúsculos residisse toda a sabedoria do etnólogo? De seus primeiros argumentos, ele retira um ensinamento: propõe a cada um – cada indivíduo ou cada povo – tentar um retorno sobre si por meio do espelho que o outro representa. E acrescenta: "Este retorno sobre si mesmo no espelho do outro a quem me refiro, o tornará mais sereno e o aproximará deste outro, que se parece com você".

O diálogo das culturas trabalha permanentemente o espírito dos etnólogos, e é também o que alimenta e anima cada uma das culturas. O que os antropólogos oferecem como perspectiva a partir da constatação da infinita diversidade das culturas e das sociedades não é a fixação artificial e ficcional das diferenças absolutas, não é o *apartheid* cultural – que certos políticos de extrema direita advogam hoje, em nome das identidades que pretendem proteger, obrigando assim ao questionamento da atitude inversa e às vezes simétrica de alguns militantes étnicos, na Europa, nas Américas ou em outra parte, que atuam em nome da preservação das diferenças.

Os antropólogos opõem a essas posturas secas e encrustadas um universalismo. Na introdução a seu seminário sobre a identidade, que reagrupou na metade dos anos 1970 no *Collège de France* pesquisadores de diversos horizontes disciplinares (etnólogos, filósofos, linguistas, psicanalistas), Claude Lévi-Strauss fez uso de palavras claras e severas em relação a toda exaltação identitária; seus comentários permanecem atuais: "os que acham que a experiência do outro – individual ou coletiva – é por essência incomunicável, e que será sempre impossível, mesmo culpável, querer elaborar uma linguagem na qual as experiências humanas mais distantes no tempo e no espaço se transformariam, pelo menos em parte mutuamente inteligíveis, não fazem mais do que se refugiar num novo obscurantismo"[3]. Em várias oportunidades no mesmo seminário, Lévi-Strauss destaca o esfacelamento das identidades: a identidade é um "abrigo virtual [...] sem existência real", cada sociedade e cada cultura fragmentam a

---

[3] LÉVI-STRAUSS, C. (dir.) *L'Identité*, Paris, PUF, 1977, p. 10.

sua identidade aparente (ou "extrema") numa variedade de elementos onde a cada vez "a síntese coloca um problema". Logo, no seio das sociedades a identidade se esquiva sempre: é "o mito da insularidade".

Essas palavras de Lévi-Strauss permitiram corrigir, sem contradizer, a meu ver, o que ele dissera um quarto de século antes na UNESCO para defender, de um ponto de vista mais estritamente "etnológico", o respeito ao outro e aos povos diferentes, e mesmo o famoso "relativismo cultural", conceito que se opunha segundo ele a toda ideia de superioridade de uma cultura ou de um povo sobre outro. No início dos anos 1950, diante do racismo e do antissemitismo que tinham conduzido aos crimes e ao genocídio da Segunda Guerra Mundial, ele criticava o olhar do Ocidente sobre o resto do mundo, olhar dominador e arrogante. Parece-me que o reconhecimento das diferenças, o respeito aos povos minoritários eram a boa resposta para essa arrogância. Vinte e cinco anos mais tarde, a etnopolítica se espalha no mundo como uma expressão dos movimentos sociais, dos conflitos fundiários, das lutas urbanas. De uma parte e de outra, a separação é valorizada, como o são o "conflito de identidade", a fragmentação – todas as fragmentações: racial, étnica, urbana etc. Trata-se então de reafirmar que toda identidade substancial é vã, e que existe um "mínimo de identidade" entre todos os humanos. Foi o que fizeram naquele momento Lévi-Strauss e outros antropólogos, o que continuam a fazer, na maior parte[4].

---

[4] Os dois textos que desenvolvem esses pontos de vista de Lévi-Strauss datam o primeiro de 1952 e o segundo de 1971 (um pouco anterior ao Seminário sobre a Identidade mencionado anteriormente). Eles foram reagrupados e apresentados por Michel Izard em um só volume, o que contribui enormemente para sua tomada em perspectiva (LÉVI-STRAUSS, C, *Race et histoire, Race et culture*, prefácio de M. Izard, Albin Michel/UNESCO, 2001).

A polêmica a propósito do "relativismo cultural" implica um outro comentário. O domínio de competência dos etnólogos é, grosso modo, sempre o mesmo, seu "roteiro", de alguma forma, é a explicação dos prós e contras de equilíbrio instável, sem parar de redefinir, entre o um e o múltiplo, a unidade e a diversidade, o mesmo e o outro. Mas os debates políticos levam-nos a profundar suas análises, a complexificar seus propósitos e a retomar as pesquisas. É esta *atualidade* da antropologia, isto é, sua dupla contextualização na sociedade e nos "debates públicos", que faz avançar o conhecimento, suscita novas questões, novos objetos de pesquisa. Nos anos 1950, nos anos 1970, e hoje em dia, os antropólogos falam diferentemente; as palavras que eles utilizam não são mais exatamente as mesmas, o estado dos conhecimentos sobre o humano em geral evoluiu enormemente e, sobretudo, as "questões sociais" nas quais eles situam suas pesquisas mudaram como as próprias sociedades. O debate universalista – que interpela a antropologia – nunca é fechado e, consecutivamente, a antropologia faz apelo a novas etnografias.

Isso ocorre no debate público sobre "a identidade", sempre retomado, sempre diferente. Partamos do acordo "universalista" onde nos encontramos hoje e que assinalei anteriormente partindo das posições de Claude Lévi-Strauss: um mínimo de identidade funda o humano, a intertextualidade é possível entre todas as culturas. Ninguém contestará esta base do princípio de humanidade comum. A comunicação, desde que ela permaneça possível, é o que continua a tornar o humano mais social ou político do que "animal".

No entanto, se esta constatação é exata não é suficiente; é preciso complicá-la. Os povoados perdidos e as tribos de outrora dão lugar a grandes empreendimentos identitários, a redes, pequenas ou grandes, de tipo néocomunitárias. Novas etnicidades, "revivalismos" regionais, diásporas, invenções de tradições: são movimentos emergentes que nascem mais frequentemente nas grandes cidades e oportunamente retomam por sua conta, os escritos de antigos etnólogos como provas de autenticidade das diferenças que eles afirmam. Assim, quando todo mundo busca se diferenciar em um contexto progressivamente mais "mundializado" em toda parte, e logo mais comum, o etnólogo deve se voltar para o seu trabalho. Aprofundar ainda a análise, deslocar o olhar do "centro" (o abrigo virtual e não encontrado da identidade) em direção às fronteiras: relações, misturas e conflitos têm lugar entre os indivíduos, os grupos, as nações. Essas trocas "fronteiriças" fazem viver a menor diferença contradizendo o fechamento aparente das estratégias identitárias: dirigimo-nos sempre a um outro para clamar nossa identidade.

Os grandes debates da história e da atualidade sobre o mesmo e o outro, a identidade e a alteridade, acompanham todos os momentos do ofício do etnólogo. Eles assinalam os termos gerais, o pano de fundo de sua responsabilidade social. Determinam também sua atitude pessoal diante dessa responsabilidade. Durante a pesquisa, ao fascínio pela diferença sucede o prazer da descoberta de uma semelhança. O etnólogo encontra essa última no coração mesmo disso que constitui a "diferença" do outro, ou seja, sua cultura, que ele apreende não do exterior como uma totalidade estrangeira, mas em seu seio, no cotidiano de seu modo de vida, suas crenças, seus hábitos. Com uma certa banalidade (de onde os pesquisadores de exotismo espetacular retornarão desapontados), o etnólogo

15

compreende progressivamente a lógica de cada gesto, de cada atitude, podendo mesmo a isso aderir ou, ao menos, sentir por ela certa empatia: *ecce homo*, "eis aí o homem", o humano sempre reconhecível.

    O início de uma compreensão começa com a troca que nasce desta "mútua inteligibilidade". A semelhança revelada implica num encontro mais rico ainda do que a primeira relação, pois ele possibilita promover diálogos e comparações e marca o começo de uma maturidade da reflexão.

2
O espaço

Não existe etnólogo sem uma partida, sem sair de casa e ir olhar o mundo, que começa bem perto, além do círculo privado, da casa, dos sentimentos familiares, amorosos, fraternais. Tomar uma distância daquilo que constitui o seu "eu" é o primeiro passo. Não nos damos conta ainda de como este momento é fundador, pois é nesse distanciamento de si que se criará a relação com aqueles que são ainda desconhecidos e se tornarão suficientemente próximos, um dia, para que um conhecimento nasça desse encontro.

Minha primeira partida foi para sempre. Eu tinha feito despedidas, reais, com um lado da alma sofrido, o outro vivo e aceso, apressado para a batalha com o mundo. Fiquei com duas malas numa estação de trem. Uma autorização provisória de pesquisa no bolso, promessas de emprego futuro, e sobretudo um programa de estudo com uma equipe de demógrafos sobre os migrantes e seu novo modo de vida urbano no bairro popular de Adjamé, em Abidjan. Mas o voo para a Costa do Marfim não ocorreu; pelo menos desta vez.

Falsa partida, então. Para a qual eu não gostaria de dar nenhuma outra significação do que a que me foi fornecida oficialmente: a equipe no local não desejava ver um estreante levar à frente esse programa. Tive a oportunidade de conhecer pesquisadores trabalhando no Togo, que quiseram muito me sugerir realizar um estudo sobre o bairro dos estrangeiros muçulmanos da capital, os Hauçá de Lomé, sugestão que adotei sem hesitar, e me lancei numa nova preparação do "campo". Durante esse tempo, lá, meus colegas encontravam soluções para obter autorizações de pesquisa. A administração não via com bons olhos esses estrangeiros e nem seu bairro, o zongo: eles tinham sido objeto, pouco tempo atrás, de perseguições violentas da parte do governo e de seu exército; uma "limpa" ali havia ocorrido (o bairro esvaziado, sua população havia sido expulsa para fora da cidade). Era melhor tomar certas precauções.

Finalmente parti para Lomé com seis meses de atraso em relação ao *timing* do afastamento de mim mesmo! Seis meses exatamente passados nesse intervalo, seguindo fervorosamente cursos de antropologia e de iniciação às pesquisas africanas, hospedando-me na casa de um ou de outro, fazendo em média uma refeição por dia no restaurante universitário, sempre com um olho em minhas bagagens prestes a embarcar com alguns livros e coisas pessoais. Seis meses em que eu tinha a impressão que me foram impostos para colocar à prova do meu gosto por viagens.

Descobrir um novo lugar é de início perder-se nele. Mesmo em Lomé, a pequena capital do Togo, onde o mapa é de uma grande e aparente simplicidade: a cidade começa com o oceano Atlântico, numa rodovia marítima à beira-mar de oeste a leste. Ela parte da fronteira ganesa – pois esta se encontra na cidade e forma um bairro animado por bares, *dancings* e pequenos comércios de rua. Prossegue no sentido leste margeando os recifes, a praia branca e as filas de coqueiros, na direção da fronteira beninense que se encontra a uns 50 km. Na direção norte, uma rodovia principal permite deixar a capital; eu a tomei mais de uma vez para conhecer as províncias da savana, ir na direção de Burkina Faso ou do Níger, bem mais longe, e na direção de Gana também para os planaltos verdejantes do oeste do Togo; mas sobretudo eu a tomei para realizar minhas pesquisas cotidianas. Pois é à margem dessa rodovia do norte que os habitantes do bairro zongo haviam sido "despejados" e levados a se reinstalar.

A zona era pantanosa, insalubre, e os comerciantes hauçá, citadinos há várias gerações, não apreciavam nada terem sido empurrados para uns 15 km do centro da cidade. É nesse centro que se encontravam o seu antigo bairro, que fora derrubado, e as suas atividades comerciais que deveriam continuar: comércio de gado no mercado, venda de carne no varejo para o grande mercado de Lomé, comércio de noz de cola, de placas, tecidos, produtos manufaturados importados etc.

Minha primeira pesquisa etnológica iria então dar conta dos afazeres do bairro étnico, de conflito urbano e de modernização das redes comerciais "tradicionais". Para começar, era ainda necessário que eu conseguisse localizar os Hauçá de Lomé em Lomé! Um ano após o despejo, eram pouco numerosos ainda os que viviam no novo bairro, mesmo se os chefes de família tivessem recebido um lote para construir e começassem a instalar ali alguns familiares. Na verdade, uma grande parte dos comerciantes hauçá foi provisoriamente realocada em outros bairros da cidade, sem que uma lógica precisa de localização guiasse esse movimento.

Foi desse modo que descobri a cidade de Lomé e, mais duravelmente, o começo de um *savoir-faire* da etnologia. Orientar-se no espaço desconhecido e orientar-se no campo da pesquisa: em minha experiência, as duas descobertas foram

21

uma só. Questão prática e teórica ao mesmo tempo, a "questão" do espaço se impôs desde o início de minhas pesquisas, como ela se impõe naturalmente, creio, a toda etnologia na medida em que esta se enraíza sempre em um lugar preciso. Mas a definição dessa localidade (no duplo sentido do próprio lugar e do sentimento de pertencimento local) é bastante evidente. Muito rapidamente, dei-me conta de que a questão dos limites e do sentido do espaço se colocava também para aqueles a quem direcionava minhas pesquisas.

Foi preciso primeiramente adentrar a cidade, obtendo uma leitura do interior, vivê-la e compreendê-la a partir de uma modalidade "empática". Formulada em termos mais pessoais, a empatia com um lugar termina significando amá-lo, compreendê-lo e se sentir bem ali.

Eu tive que me perder antes de saber me orientar, não de acordo com linhas traçadas com exatidão e bem identificadas – aliás, existem numerosas pistas de terra na capital lomeniana, que parecem desaparecer e reaparecer mais adiante –, mas por subconjuntos de sensações e de sinais, de limites incertos. As deambulações involuntárias, as derivas inquietas ou divertidas, os passeios, as contemplações, e as conversas ao acaso dos encontros, formaram progressivamente meu mapa mental da cidade e de suas "regiões morais" [5].

Essa representação baseou-se nos seis ou sete polos de referência maiores. Cito alguns, de memória. A zona da fronteira, que me pareceu tão distante na primeira vez em que eu me perdi. A cidade "branca", que tinha essa imagem porque era a zona onde os brancos eram mais numerosos, e onde seus

---

[5] Essa noção foi inicialmente utilizada pelos pesquisadores da Escola de Chicago. Ver PARK, R. Ezra, "La communauté urbaine.Un modèle spatial et un ordre moral"(1926) in GRAFMEYER, Y. e JOSEPH, I. (eds.) *L'École de Chicago: Naissance de l'écologie urbaine*, Paris, Aubier, 1984. Ver também as descrições sensíveis de PEREC, G. em *Espèces d'espaces*, Paris, Galilée, 2000 (1ª edição 1974).

modos de habitat e de consumo dominavam. Bè, a cidade das linhagens autóctones, com a floresta sagrada em seu meio: o antigo povoado de Bè mantinha uma verdadeira ascendência sobre os outros habitantes, em razão de sua antiguidade pré-colonial e de sua capacidade em sacralizar uma parte da cidade atual. Ao norte, uma imagem confusa e difusa: bairros ainda sem alma, em construção, em "vias de desenvolvimento" em todas as direções, e dentre eles o mais distante, ao longo da rodovia que sai da aglomeração, o novo bairro zongo dos Hauçá "despejados".

Para se orientar no espaço desconhecido nada como encontrar as pessoas do lugar que descobrimos. A pesquisa possibilita esse posicionamento desejável que permite ler uma cidade "por cima dos ombros" de seus habitantes. E se pude formar uma imagem do todo e das partes da cidade de Lomé é porque foi preciso ir à busca dos "despejados" do bairro zongo. Onde estavam? Como encontrá-los? Rapidamente percebi que os contatos que tecia (a partir do Grande Mercado, ou a partir do novo loteamento do zongo à margem da rodovia do norte) me levavam todos na direção de um conjunto de notáveis e grandes comerciantes (chamados *mai gida*, ao mesmo tempo patrões, chefes de família e hospedeiros de estrangeiros). Eles eram uns quarenta no máximo, ocupando posições de micro poder, político e econômico, no seio de um "mundo" que eu ia assim conhecer, por tentativa e erro, pouco a pouco, descobrindo e analisando suas redes sociais à medida que eu mesmo as percorria.

Os "despejados" do bairro zongo de Lomé foram também espalhados na cidade assim como foi a minha pesquisa, mas eles tinham algumas ocasiões para se encontrar: celebração de casamentos, grande oração da

23

sexta-feira, conversações para resolver alguns conflitos. É nesses momentos que seu coletivo — sua "comunidade" — parecia existir. Essa existência comum tinha dois nomes: aquele pelo qual eles eram conhecidos em Lomé, os Hauçá, e um termo que os jovens despejados do bairro zongo tinham inventado: "zongolês".

A identidade hauçá [6] se coaduna com sua unidade linguística com a língua hauçá sendo a língua veicular dos comerciantes estrangeiros muçulmanos. Eles próprios se identificavam constantemente com esse termo, "Hauçá", publicamente ou por comodidade, apesar de que existia mais de vinte outros pertencimentos étnicos minoritários, às vezes assumidos, às vezes mascarados. Além disso, "tornar-se" hauçá era possível: era o meio de entrar no mundo social construído em torno dos pais-patrões e definido por distinção, às vezes por oposição, com o resto da capital togolesa. Poder-se-ia se "hauçá-rizar" casando-se com uma jovem de um pai-patrão, entrando no número impreciso de seus dependentes, ou ainda habitando no bairro zongo, também chamado bairro hauçá. Esse espaço era a referência, na cidade para os comerciantes estrangeiros muçulmanos, mais geralmente para os recém-chegados vindos das regiões setentrionais do Togo ou do Benin, do Burkina Faso ou do Níger. Uma marca tão importante que se tornou um modo de identificação fazendo concorrência ao estrito etnônimo.

O termo *zongo* significa na linguagem hauçá "as cabanas", o "acampamento provisório dos estrangeiros de passagem" situados fora da cidade. Ele se opõe a *birni*,

---

[6] O povo hauçá propriamente dito se situa entre o norte da Nigéria e o Níger. O conjunto da população hauçá reúne em média vinte milhões de pessoas repartidas em três numerosos subgrupos. Emigrados e comerciantes itinerantes hauçá tem povoado as cidades da África central e ocidental.

a cidade em seus limites. Essa distinção data de tempos pré-coloniais, dando um sentido bastante tranquilizador à separação urbana que vivem os comerciantes ditos hauçá: seu "despejo" fora dos limites do perímetro urbano no fim dos anos 1970 foi o quinto deslocamento de seu bairro em pouco mais de um século, e eles se encontram, como antes, mantidos à margem da cidade, desde que os últimos dos chefes de caravana (*madugu*) hauçá chegaram à Lomé por volta de 1875. Velha história então, que me ajudou a reconstituir a função e o significado antigos do bairro *zongo*. Mas sem ser falsa, essa história não era mais totalmente verdadeira; mais exatamente ela se tornou uma verdade sem efeito. Conhecida somente por uma pequena minoria de pessoas do zongo, por alguns velhos, talvez por algum arquivista...e pelo etnólogo.

Na verdade, em Lomé, no momento em que fazia minhas pesquisas, um dos termos da bela, nostálgica e estrutural oposição *zongo/birni* havia mudado: os jovens, mais francófonos (e bem mais numerosos) que os antigos, se referiam à sua identidade de "zongolês", neologismo que eles tinham criado por oposição a "togolês". Sua referência (negativa) era a nação cujo presidente – o ditador Eyadema – havia ordenado a expulsão dos Hauçá para fora do centro da cidade, entre outras medidas autoritárias e violentas.

Isso me levou a outra história: nos anos 1960, os notáveis e negociantes muçulmanos de Lomé tinham sidos aliados das forças locais (entre as quais comerciantes autóctones) oponentes à tomada autoritária do poder pelo militar Eyadema, que reivindicava ser oriundo das regiões rurais e dos camponeses iletrados de onde era a sua família. A partir do par de noções antigas e ligadas ao funcionamento das redes comerciais africanas pré-coloniais zongo/birni,

25

outra distinção se formara, zongo/Togo: política e local, ela anunciava um certo endurecimento identitário.

A "questão do espaço" levava-nos, então, bastante longe e fazia extrair vários fios de compreensão do mundo *hauçá* de Lomé. A etnicidade e a territorialidade se apresentavam como dois temas estreitamente ligados, e ao mesmo tempo fortemente associados ao quadro urbano moderno – tema da atualidade, de todo modo. A especificidade dos Hauçá de Lomé no fundo não era realmente uma. Era a versão particular – e especialmente significativa na sua brutalidade – de uma questão geral e disseminada. A etnicização dos conflitos sociais, a reprodução ou a formação de territorialidades colocadas sob controle interno ou externo, interno *e* externo, são pesadas tendências do mundo atual, encontradas na Europa, na América ou em outra parte.

Pude aprofundar essa descoberta dos espaços do etnólogo, alguns anos mais tarde em Salvador, na Bahia.

Compreendi progressivamente a cidade de Salvador. Em quase sete anos, morei em quatro bairros diferentes. Frequentemente me perdi na cidade de dois milhões de habitantes e sua aglomeração, e passei muito tempo para encontrar um caminho, voltar a meus passos. Um dia, me dei conta de que não me perdia mais, que eu não ia jamais me perder. Guardei disso, ao mesmo tempo, tanto a satisfação de uma verdadeira vitória quanto uma nostalgia do tempo de minha descoberta, como se ela fosse a infância de "minha" cidade.

Eu havia colado na parede de meu escritório um grande mapa de Salvador, onde preguei todas as informações, todas as impressões que podia localizar, como num inventário visual à la Prévert: cor da pele dos habitantes, altura e materiais das casas, dos imóveis, presença de centros comerciais, igrejas do tempo da Colônia portuguesa, principais centros afro-brasileiros, estatísticas de riqueza e pobreza por bairro, odores, limpeza ou sujeira das ruas, circuito do Carnaval (uma dezena de quilômetros) etc.

Como em Lomé, vali-me de explicações que as pessoas davam. A associação que elas sistematicamente faziam entre a mobilidade residencial e a mobilidade social os conduzia, desde que obtivessem uma renda melhor, a deixar uma pequena casa do bairro popular e "multicolorido" de Liberdade (onde eu mesmo vivi e onde volto regularmente), cuja rua principal em certos trechos circunda magnificamente a baia de "Todos os Santos", para um apartamento nos novos bairros de grandes conjuntos perto da beira-mar – Stiep, Amaralina, Boca do Rio –, depois voltar à Liberdade quando sua situação se deteriorava. Tudo isso parecia muito evidente para eles. Mas para mim não.

Pouco a pouco, pude ver aparecer várias regiões sobre meu mapa da cidade; elas eram estruturadas por antigas e novas oposições: a "cidade alta", a "cidade baixa", o lado da baia, o lado da beira-mar. Os brancos, os mestiços, os negros se distribuíam de modo desigual no espaço, assim como os ricos e os pobres, os patrões e os empregados, as favelas (terrenos ocupados ilegalmente, bairros pobres) e as *gated communities* (bairros privados e fechados das classes médias). Mesmo se não existe em Salvador bairro étnico como o zongo em Lomé, nem *apartheid* legal, cada um sabe que há lugares onde ele pode ficar, outros apenas para passar e outros que é melhor evitar.

Tanto em Lomé quanto na Bahia, as regiões morais das cidades são formadas por estereótipos, símbolos ou rumores que condicionam a experiência dos citadinos. Uma verdadeira mina para o etnólogo! Esse *stock* imaginário abre a via de compreensão dos "territórios" que os humanos se inventam, quaisquer que sejam a forma ou as dimensões. Tanto nas cidades e nas megalópoles quanto nos povoados, são marcações do espaço, limites imateriais que servem para pensar a localidade da vida social.

Finalmente, ser de um lugar, como o estrangeiro pretende ser para se orientar e para compreender a demarcação daqueles de quem se aproxima, é criar ele mesmo o holograma desse espaço – uma totalidade em desconstrução. Em seu contexto, cada um situa suas próprias circulações e dá um sentido às dos outros.

Assim, se cada um molda sua própria cidade imaginária, sempre um pouco diferente da dos outros, mantemos em comum o fato de termos uma e isso nos aproxima. Isso identifica a todos com um mesmo lugar, e essa projeção local comum é uma mediação que nos identifica uns com os outros, sem nos confundirmos. A cidade permanece invisível como totalidade, mas ela pode se tornar o símbolo partilhado de todos aqueles que nela vivem.

Eu cheguei de Lomé. Fiquei surpreso revendo amigos e familiares dois anos após minha verdadeira despedida. Mas não tinha mais jeito. Não demorei a retornar, depois voltar e partir de novo. Em Salvador, no Pacífico colombiano, depois na África novamente.

Partir, perder-se, descobrir. Acabei me habituando a esse necessário exercício, a considerar que fazia parte de cada nova pesquisa antropológica, sem jamais parar de curtir o privilégio mágico que me é dado ao viver assim: o distanciamento de si, o abismo que impulsiona a pesquisa e, enfim, a exploração pessoal e minuciosa dos lugares que se desvelam e cujos habitantes terminam rompendo com a alteridade absoluta que acreditamos sentir no início de tudo.

3
Viajantes sem história

Se desejamos guardar na memória uma qualidade herdada da experiência dos etnólogos dos primeiros tempos, quando, dizia-se, era a etnologia "filha do colonialismo" (e irmã dos missionários!), se nos for preciso guardar uma lembrança, certamente essa não é o prejulgamento segundo o qual *o outro*, este desconhecido, somente existe enquanto coletivo – *ethnos* – e não dá lugar ao indivíduo. Essa visão totalizante – que chamamos "holista" em antropologia e que é relativamente próxima do que designamos hoje pelo nome de "comunitarismo" – supunha o equivalente entre todos os indivíduos de um mesmo grupo e colocava como condição a toda pesquisa a transparência entre um único indivíduo ("o informante"), uma única sociedade, uma única cultura, um único espaço. Toda essa monologia já foi criticada no mundo das ciências sociais, mesmo se a imagem que temos do etnólogo na sociedade é ainda próxima desses preconceitos antigos. Sendo a etnologia hoje em dia tanto urbana quanto rural, ela se interessa pelo compromisso social com os doentes da AIDS assim como pela função terapêutica dos ritos pagãos; a questão do lugar do indivíduo se impõe por toda parte.

Portanto, não é em seus objetos de pesquisa que a etnologia dos primeiros tempos ainda nos diz respeito.

Não é mais em seus métodos de análise ou em sua abordagem. Hoje, nas grandes cidades, e mais geralmente nos espaços *a priori* não comunitários, o etnólogo se perde e depois se encontra a cada nova pesquisa, como o fazem os próprios indivíduos. Um encaminhamento paralelo, depois comum, se desenvolve entre o etnólogo e os que aos poucos se tornam seus anfitriões. Essa hospitalidade acolhedora permite a descoberta das formas sempre renovadas de sociabilidade: redes, acontecimentos, encontros. A pesquisa individualizada do etnólogo das situações modernas esclarece a pesquisa etnológica em geral. Se nunca encontrei a perfeita totalidade social de tipo "tradicional" ou "interiorana", mas sempre tensões, conflitos, situações multiculturais e mestiças, sei que outros já se colocaram a mesma questão que eu: essa totalidade só existiu em algum lugar no imaginário dos etnólogos?

A qualidade que eu guardo como herança da etnologia em seus primórdios não se relaciona nem à *démarche* da análise nem aos objetos de pesquisa. É uma qualidade mais essencial, e por isso necessariamente pessoal, que não podemos aprender nos manuais, mas cujo sopro encontramos nas obras mais antigas, pré-etnológicas por assim dizer, às quais é estimulante retornar: os relatos de exploradores eruditos, por exemplo, *Le voyage dans l'intérieur de l'Afrique*, de Mungo Park (1799), o *Journal d'un voyage à Tombouctou*, de René Caillié (1830), a viagem de Gustave Binger (*Du Níger au Golfe de Guinée*, 1892)[7], ou ainda os

---

[7] Ve PARK, M, *Voyage dans l'intérieur de l'Afrique*, Paris, Maspero, 1980 (1ª edição francesa de 1799), CAILLIÉ, R, *Voyage à Tombouctou*, Paris, La Découverte, 1996 (1ª edição 1830), BINGER, L.-G., *Du Níger au Golfe de Guinée, par le pays de Kong et le Mossi*, 1877-1889, Paris, Société des Africanistes, 1980 (1ª edição 1892).

artigos de exploradores contando suas descobertas na revista *Le Tour du Monde – Nouveau Journal des Voyages*, da editora Hachette, durante a segunda metade do século XIX.

Naquele tempo, a regra editorial sugeria que cada capítulo ou seção de capítulo das narrativas começasse por um sumário, particularmente sedutor, que assinalasse o conteúdo detalhado e também todo o espírito da escrita – como não lamentar que essas verdadeiras epígrafes tenham desaparecido atualmente? Assim, para anunciar as aventuras de um explorador do Brasil, líamos: "As dificuldades do alto mar. – Peixes voadores. – Um alerta. – A Cruz do Sul. – Terra! – Pernambuco. – Bahia; as ruas; os pretos".

Algumas páginas e alguns dias mais adiante: "Partida para a província do Espírito Santo. – Um incêndio no mar. – Chegada em Vitória. – Preces de fazer medo..."[8].

Era um impulso inicial que todas essas narrativas transmitiram. Ele é poético antes de ser "científico". Essa qualidade que ficou é o gosto pelas viagens, pela exploração e descoberta. É mais um desejo de conhecimento do que uma questão de metodologia ou de lugar de pesquisa. Pois o enigma que se renova a cada vez é o mesmo onde quer que estejamos. Caminhar horas seguidas na floresta equatorial colombiana para localizar alguns povoados de negros e de índios. Dialogar com os líderes Yanomami no coração da Amazônia como em Brasília. Assistir a sessões de exorcismo nas igrejas pentecostais da África ou da América Latina. É tudo uma mesma coisa. O importante é estar lá para ver.

O "campo" é a grande ocupação dos etnólogos. É a pesquisa de campo que funda a profissão, desde os primeiros

---

[8] BIARD, M. (Auguste-François), "Voyage au Brésil (1858-1859)", in *Le Tour du Monde, Nouveau Journal des Voyages*, publicado sob a direção de M. Édouard Charton, Paris, Librairie Hachette, 1861, p. 1-48 et p. 353-400.

exploradores narrando estórias extraordinárias de suas viagens às Américas ou nas regiões inexploradas da África até os últimos temas de teses de doutorado depositadas em antropologia social e etnologia sobre a intervenção humanitária na África ocidental ou a violência e o abandono social nos bairros populares da região parisiense. Em nenhuma outra parte um consenso tão forte propicia tantos debates: o campo sim, mas como, por quanto tempo, com quem, para fazer o quê?

O campo não é uma coisa, não é um lugar, nem uma categoria social, um grupo étnico ou uma instituição. É talvez tudo isso, segundo o caso, mas é antes de tudo um conjunto de relações pessoais com as quais "aprendemos coisas". "Fazer pesquisa de campo" é estabelecer relações pessoais com quem não conhecemos anteriormente, junto de quem chegamos um pouco na marra. É então preciso convencer da lisura de nossa presença, pelo fato de que eles nada têm a perder mesmo se também não tem grande coisa a ganhar, sobretudo que eles não correm nenhum risco. As relações podem ser harmoniosas, amigáveis com uns, conflitivas com os outros. Nada de conhecimento íntimo de um tema sem conhecimento das pessoas. Logo, não há saber sem relações. Eu não procurarei defender a ideia de que se trata de uma "ciência", mas é um modo de conhecimento específico dos humanos em sociedade, que tem suas regras, suas artimanhas e seus hábitos. Existe certa transparência entre o saber e o objeto do saber: a pesquisa é relacional, como o é o objeto que busca um conhecimento dos mundos de relações.

Logo, na cena da pesquisa, nas situações em que o etnólogo simplesmente observa e naquelas que provoca por sua presença e suas interrogações, as subjetividades se fundem de imediato; são elas que constituem o essencial do saber do etnólogo. Histórias de família, pequenas estratégias de poder, disputas entre primos e vizinhos, formas particulares de organização familiar da vida cotidiana, segredos apenas revelados em momentos de confidência, rumores, preces, cerimônias. Quem é ela, essa pessoa que observa e escuta tudo isso e se encontra ela própria implicada nas relações que observa? É preciso imaginar uma personagem que seria a síntese do vigia, do explorador e do erudito.

Nesse sentido, o saber do etnólogo é bem específico e de um conteúdo sem equivalente em outras *epistemes*. Um saber que fala de relações e nasce nas relações. Afetiva e emocionalmente, não se sai disso ileso. Ao partir, deixamos amigos e às vezes inimigos; alguns se sentirão traídos por uma partida que esclarece retrospectivamente as sábias intenções, logo "interessadas", da vinda. Há impurezas, atritos nessa experiência do campo, há um desconforto moral que fica mais ou menos em permanência, como se ele fosse consubstancial à relação intensa, mas inacabada, quase irreal, que se desenvolve na cena do "campo".

Podemos dizer do campo dos etnólogos que, ao mesmo tempo, ele é uma aventura, uma ficção e uma lição (isso que outros chamam uma iniciação, termo que não renego, mas que pode se prestar a mal entendidos). Explico-me.

Percorrendo, no final do século XVIII, algumas áreas do "centro da África" ainda em grande parte inexploradas e hoje ocupadas pelo Senegal e o Mali, o médico e explorador escocês Mungo Park se encontra frequentemente sozinho, em alguns momentos desprotegido, doente. Foi preciso um ano e meio para ir das margens da Gâmbia ao rio Níger e voltar. Ele trará de sua viagem a matéria de uma obra cujo rápido sucesso, comenta Adrian Adams na introdução à reedição da versão francesa da obra, é devido à "qualidade do olhar" de seu autor [9]. Esse olhar formou-se numa atitude particular. Mungo Park percorre essa região com lentidão, uma paciência e uma discrição que antecipam as qualidades do etnólogo. Ele se fez o cronista das pessoas comuns, percebendo os poderosos apenas de longe e, mais frequentemente, a partir daquilo que lhes diziam os anfitriões, pessoas simples das regiões que ele atravessa. Quando cruza em seu caminho com notáveis e reis, ele é exatamente o contrário de um herói e evita as relações oficiais.

> Diante desses fazedores de histórias que decifram o enigma de sua presença segundo a grade que sua própria experiência lhe propõe, ele se dedica, ao contrário, a escapar dos papeis que querem lhe impor para ser apenas aquilo que ele quis com todas as suas forças: nem subordinado nem espião, submetido a todos embora sujeito de ninguém, um viajante sem história [10].

Desse viajante "sem história" pode-se dar duas acepções. Ambas aproximam sua viagem do campo etnológico. Uma remete ao esquecimento de tudo que antecedeu a viagem. Ele se apresenta virgem de toda história, não tem função, não tem título, não tem missão muito direcionada ou complicada a realizar. Chega com a disponibilidade do *viajante sem história* por trás dele: sem passado, ele é ao mesmo tempo sem expectativa e sem

---

[9] ADAMS, A., "Introdução", in PARK, Mungo *Voyage dans l'intérieur de l'Afrique*, *op. cit.*, p. 5-27.
[10] *Ibid.*, p.11.

prejulgamento sobre o que virá. Mas esse esquecimento de si remete a outra coisa, que é mais imediata. É a vontade de desaparecer, é a busca de uma invisibilidade do observador no âmago da situação que ele observa. Dupla ilusão, então, esse viajante sem história? Ou dupla tentativa sempre recomeçada no campo dos etnólogos?

A ilusão da candura é uma ficção necessária para transformar toda evidência em questão. Ela supõe a ausência de preconceito e, portanto, no mínimo, para o etnólogo, a coragem de "desconstruir" – o que não é destruir mas desfazer e *pôr em dúvida* – tudo o que ele acredita saber sobre o tema antes da pesquisa. Em suma, a preparação teórica para a viagem é o que atiça a curiosidade e torna possível o desejo de descoberta, logo a viagem em si mesma; mas ela não deve obliterar o que é o mais esperado, sem poder ser, claro, enunciado antecipadamente: a descoberta, a surpresa, a "resistência" dos fatos às teorias. São elas que permitirão completar esta ou aquela interpretação já conhecida sobre o tema, o lugar ou o grupo estudado.

Quanto ao desejo de invisibilidade, ele está sempre presente na experiência de campo dos etnólogos, ainda que não seja completamente alcançado. O etnólogo "transparente" não cria histórias e nem *embaraços*; ele não gostaria de perturbar as situações que observa para que essas traduzam do modo mais fiel possível a realidade social "natural" da qual ele escolheu ser a testemunha mais próxima e, sempre que possível, sem interferência de uma presença estrangeira. Ele gostaria de ser sem história(s) também para que não fechem as entradas do seu campo e, portanto, do seu conhecimento. Existe uma simpatia, às vezes deslocada, na atitude do etnólogo em campo, uma cordialidade bem disciplinada.

Nos anos 1920-1930, a busca da melhor integração possível do etnólogo em campo se traduz pela ideia de "observação participante". Os mal entendidos não faltaram em torno dessa expressão, frequentemente mais afirmada do que definida. "Observação participante" é uma injunção muito vaga, muito ambígua e constrangedora ao mesmo tempo. Gostaríamos de ser mais preciso. Falar mais de *presença participativa*, de *participação observante*, mais simplesmente de *relação etnográfica*, que supõem a implicação, a "camaradagem" e às vezes o engajamento junto aos seus anfitriões.

A questão pode se formular de diferentes maneiras, mas no fundo é sempre a mesma. Qual o lugar do etnólogo no mundo que observa, "em campo"? Nada é menos espontâneo do que essa aventura e, no entanto, recorre-se ao que há de mais banal no mundo social: o encontro, a troca, o diálogo, a vontade de falar e de contar, uns aos outros, o que a maior parte dos humanos experimenta em sociedade. A transparência com a qual sonha o viajante "sem história" não é perfeitamente realizável, mas também não se deve crer que as fronteiras da comunicação sejam intransponíveis. O etnólogo vive ele próprio a experiência. Com o tempo, ele se vira, ele se inventa, para fazer aceitar a sua presença que, de estrangeira, se torna quase familiar. A proximidade, a familiaridade, as trocas que ele pode testemunhar, expressam inicialmente a universalidade de sua experiência, a "mútua inteligibilidade" entre todas as culturas que torna o seu ofício possível. Contrariamente ao desconforto moral e ao incômodo que ele, às vezes, sente ao entrar na vida dos outros, a perturbar sua rotina, em outras ocasiões o etnólogo tem o sentimento de que ele apenas deve escutar, que a demanda de atenção se inverte, até a sua própria saciedade, às vezes até à saturação. É o momento do desligamento, da escrita, da partida.

Assistindo, mais uma vez, aos encontros e rituais anunciadores de uma represália entre os Jivaros Achuars da Amazônia equatorial, com os quais compartilhou a existência durante três anos, Philippe Descola descreveu, com uma bela liberdade, os limites dessa empatia que todos nós buscamos:

> Não busquei entrar em sua conversa nem quis me juntar a eles. Minha curiosidade arrefeceu ao longo dos últimos meses; apesar do que está sendo preparado, não pude deixar de sentir uma lassidão desencantada, um sentimento de *déjà vu*, até mesmo de irritação, diante do comportamento tão previsível dessas pessoas que ainda se esforçam para me surpreender, como se a culpa de terem se tornado sem surpresas fosse delas e não minha, que me convidei para estar com elas.

E ele descreve que "mais do que os prazos fixados por um calendário de pesquisa, esse desgaste do desejo de compreender aponta a hora do fim do 'campo' "[11].

O campo é como um mergulho no seio de uma comunidade, de um meio social ou de um lugar que fascina porque somos sempre neófitos de um mundo desconhecido. Há o risco de um dia ele ser muito coercitivo e inibidor – ou autoinibidor. Os etnólogos podem acabar se perdendo na

---

[11] DESCOLA, Ph., *Les lances du Crépuscule. Relations jivaros, Haute-Amazonie*, Paris, Plon (Terre Humaine), 1993, p.418. A descrição minuciosa, a interpretação indutiva e a narrativa da relação entre o antropólogo e seus "companheiros" encontram nesta obra um equilíbrio exemplar. Ver também a leitura que lhe dá Alban Bensa e seu comentário sobre o tema da "relação etnográfica" (in *Enquête*, n°1, dossiê "Les terrains de l'enquête", Marseille, éditions Parenthèses, 1995, p. 131-140).

interminável solicitação da pesquisa. O obstáculo é possível e ele é inerente ao ofício de etnólogo. Mas um ofício não é feito de fronteiras a reconhecer, delimitar, compreender? Falemos disso, então.

Alguns etnólogos, ao longo do tempo, acabam por se identificar com a "comunidade" étnica, interiorana, associativa ou religiosa que estudam. Eles são tão identificados que seu propósito não se desliga das pressões de sua implicação. Ele se baseia nos propósitos dos membros da dita comunidade – os líderes, os líderes, os padres, ou seus opositores eventuais (sim, os conflitos internos são moeda corrente).

Não me parece escandaloso que o etnólogo se transforme em advogado de uma causa, assessor de um grupo étnico, militante de uma facção contra outra. Isso pode ocorrer, num momento dado, em toda pesquisa implicada, e o sentimento de justiça que guia frequentemente esses engajamentos os torna legítimos, mesmo se eles continuam discutíveis. Entretanto, a possibilidade de uma palavra livremente concebida e enunciada deve ser defendida – o que não impede de ser uma palavra "engajada". Como fazer?

Em boa parte por desafio, eu quis conduzir uma pesquisa na Bahia sobre uma associação cultural e carnavalesca dita afro e conhecida por praticar um "racismo invertido". Agrupando exclusivamente negros, a associação *Ilê Aiyê* era fechada aos brancos. Sendo eu mesmo "branco" e não baiano, propus a seus dirigentes uma espécie de "contrato" no qual listamos os temas de pesquisa e os materiais que eu desejava recolher: a história da associação, seus principais encontros festivos e seus rituais, o levantamento de suas letras de samba, o livre encontro com os membros da associação etc. A pesquisa implicou uma presença longa (mais de dois anos seguidos) e um contato regular com a associação e seus espaços, a colaboração de seus membros. Tudo isso foi dito da forma mais clara possível. Em troca, eu enviaria meu trabalho à associação com prioridade, o que representaria a matéria do livro que eles gostariam de ter sobre o grupo e que, em si mesmo, pensavam (e eu também pensava assim, concordando com eles sobre esse ponto), era uma marca de reconhecimento. Foi feito assim. No mais, esquecemo-nos rapidamente da existência deste "contrato". Sua principal qualidade foi a de ter aberto a via de uma relação social habitual na pesquisa etnográfica, feita de simpatias, de colaborações, de discussões e de presença nas atividades do grupo, enquanto o contexto *a priori* parecia hostil.

Não digo que não tenha havido mal entendido sobre a minha pesquisa e, portanto, sobre a minha presença entre meus anfitriões. Esse mal entendido não é necessariamente uma coisa ruim, não é nem mesmo um problema; em toda circunstância cada um tem a sua interpretação e há algum risco em querer resumir tudo numa só palavra, um só sentido. Podemos nos inquietar, por exemplo, com as veleidades de controle que uma associação profissional como a *American Anthropological Association* (AAA) desenvolve para regulamentar e padronizar os procedimentos de toda investigação, desde a pesquisa de campo até a escrita e ao *"feedback"*. Às vezes nos divertimos dizendo que o regulamento da AAA permite literalmente repreender o etnólogo que colocar a mão sobre o ombro do "pesquisado(a)", por excesso de familiaridade e por atentado moral à sua "comunidade"! Simples divertimento?

Escrevendo *A África Fantasma*, seu diário da missão Dakar-Djibouti – uma expedição etnográfica realizada em 1931-1933 sob a direção de Marcel Griaule –, Michel Leiris fez da etnologia algo muito pessoal, quiçá interior, e uma

41

verdadeira iniciação. Claro, é da iniciação à etnografia que se trata. Mas para Leiris o escritor, a aventura da expedição africana tinha também uma inspiração literária nos traços de Conrad: a viagem foi, diria ele mais tarde, "uma prova, uma poesia vivida e um desterro"[12]. Evitando a proximidade das autoridades coloniais, ele queria ir o mais longe possível na descoberta dos segredos dos outros, descoberta que ele via como uma caminhada na direção de si mesmo.

Essa concepção da expedição no campo – com suas estranhas aproximações entre a busca de um saber e o puro impulso poético, entre a descoberta da vida interior dos outros e a vontade "de escapar de si mesmo" para se reencontrar mais tarde, totalmente renovado –, concepção embaralhada da viagem permanece inscrita, de maneira confusa, na experiência íntima do ofício de etnólogo.

Mas é preciso saber se retirar. Saber que essa situação não é totalmente "natural", mesmo se ela foi bem vivida, intensamente, com verdadeiros sentimentos. É preciso acreditar no papel que desempenhamos, na "cena" da pesquisa, senão nada disso que fazemos dará certo, mas esse papel tem um começo e um fim. Portanto, para ser etnólogo, e para permanecê-lo, é preciso um dia deixar o campo.

Mungo Park está morto. Era apenas um explorador. Ele morreu perdido no rio Níger, por ocasião de uma segunda viagem que realizou dez anos após a primeira. Ali onde ele esteve tão bem instalado, só e "sem história", em meio ao povo das regiões percorridas, retornou carregado de títulos e de missões oficiais, governamentais e comerciais, cercado de uma guarda pessoal, cheio de projetos de conquista. Mas ele não estava preparado para

---

[12] LEIRIS, M. "Prefácio"(1951) de *L'Afrique fantôme* (1ª edição de 1934), in *Miroirs d'Afrique*, Paris, Gallimard (Quarto), 1996, p. 94.

desempenhar o papel nem de colono nem de *conquistador* [13].
E ele desapareceu afogado, depois de ter perdido quase todas as suas proteções, de ter morrido quase todo o seu grupo, talvez atacado pelos ribeirinhos que ele não buscava mais encontrar nem conhecer, e dos quais agora não podia mais rechaçar o ataque.

---

[13] Em português e em itálico no original (N.T.).

4
O tempo

Agora podemos "revisitar" os campos antigos, o que permite reintroduzir a temporalidade numa abordagem que fora largamente excluída. Etnólogos retornam aos vilarejos, ao lado dos "informantes" (ou de seus filhos) que seus predecessores tinham reencontrado há uns trinta ou cinquenta anos. Passando de um a outro, podemos ver ao mesmo tempo a evolução das sociedades e a mudança das abordagens, dos conceitos, dos engajamentos dos pesquisadores.

Passando de um contexto histórico a outro em um mesmo lugar, podemos também descobrir a marca singular deixada pelo etnólogo no cerne do meio social que foi, um dia, seu campo. Os escritos de Marcel Griaule sobre os mitos dogon, a imagem unificada, étnica, e a fama internacional que ele deu a tudo isso, são constitutivos da "tradição dogon" atual, aquela que defendem e valorizam cidadãos de Bamako, dogon letrados, muçulmanos ou cristãos, e fundadores da associação neotradicionalista Gina Dogon ("Associação maliana para a proteção e a promoção da cultura dogon" criada em 1992), como a que exibem sobre o circuito do turismo cultural as jovens gerações de Dogon sob o olhar intrigado dos antigos: Dogon que "se vestem de Dogon", isto é, na reprodução incorporada da imagem que têm deles etnoturistas de passagem. Ou ainda, a conformidade da representação nas expectativas dos visitantes impede a "descoberta do outro" que, entretanto, motivou a viagem[14].

À semelhança do Marcel Griaule dos Dogon, o etnólogo de um tempo passado cujo traço encontramos no presente é suscetível de se tornar ele próprio uma tradição, no sentido de um passado ao qual é conveniente recorrer agora. Ele faz parte do mundo que o etnólogo de hoje em dia descobre sobre o seu campo.

Em Salvador, realizei pesquisas no início dos anos 1990 sobre um templo de candomblé (o culto afro-brasileiro) no qual frequentei assiduamente tanto as atividades profanas quanto as sagradas, o terreiro do Cobre, *le Temple du Cuivre* (metal simbolizando Xangô Airá, a divindade madrinha desta casa de santo). Um dia, encontrei em um documento do terreiro o traço de um grande etnólogo brasileiro, Edison Carneiro, que estivera por lá uns cinquenta anos antes, e cujas obras eram familiares para mim. O documento em questão era a argumentação de uma demanda financeira apresentada pelos gestores do templo a várias ONGs, nacionais e internacionais, para financiar um projeto de educação alternativa para as crianças carentes do bairro onde se localizava o terreiro. A mãe de santo, que eu conhecia já há vários anos, tinha-me dado esse documento solicitando ajudar a difundi-lo no exterior. Foi aí que percebi figurar os extratos de uma obra de Edison Carneiro

---

[14] Ver sobre o primeiro ponto o artigo de BOUJU, Jack "Tradition et identité. La tradition dogon entre traditionalisme rural et neo-traditionalisme urbain", *Enquête*, Marseille, éditions Parenthèse, n°2, 1995, p. 95-117, e sobre o segundo o de DOQUET, A., "Dans les coulisses de l'authenticité africaine", *Les Temps Modernes*, n°620-621, 2002, p.115-127.

datando dos anos 1940 e consagrada ao culto do candomblé na Bahia[15]. Um curto trecho descrevia um ritual específico no templo do Couro: o jogo dos *erês*, os espíritos infantis. Esse ritual coloca em cena um estado intermediário entre a possessão pelos orixás (os espíritos) e o retorno a um estado social normal. Os adeptos, nesse momento, se comportam como crianças, pulam corda, brincam de roda, saltam, se divertem e riem, antes de deixarem progressivamente o *orum*, o universo dos espíritos, para retornarem ao mundo dos humanos, o *aiyê*.

O ritual dos *erês* desapareceu há muito tempo da liturgia desse terreiro, mas no meio da cultura negra na Bahia, o termo yorubá *erê* está agora fora do quadro sagrado e ritual para designar em geral o mundo das crianças – encontramos essa menção notadamente em projetos de etnoeducação. Outro trecho de Edison Carneiro mencionava o "esplendor" passado nesse terreiro, cujos responsáveis atuais reivindicavam certa ancestralidade, apesar dos vários anos de inatividade do templo. Então, lembrei-me de que eu mesmo falara dessa obra à jovem mãe de santo do terreiro do Cobre, quando, alguns anos antes, ela pôs em funcionamento esse templo que herdara justamente quando ele estava abandonado. Ele continha as provas antigas do prestígio do templo como espaço sagrado e lugar de uma intensa vida social. Tantos argumentos para recuperar completamente a casa onde uma parte era ainda ocupada por primos distantes que tinham ali instalado uma venda de bebidas e sandwiches!

Conta-se que nos anos 1950 ou 1960 alguns etnólogos resistentes a todo reconhecimento da modernidade de seu

---

[15] CARNEIRO, E.,*Candomblés da Bahia*, Bahia, Publicações do Museu do Estado, 1948.

objeto de pesquisa deslocavam, antes de fazer fotos da família, da casa, do ritual, os objetos de consumo que podiam passar por traços de impureza cultural: galão de combustível, motocicleta, garrafa de Coca-Cola etc. Certamente alguns ainda o fazem. Entretanto, tudo isso está na ordem das coisas, no momento, no local e sob a forma integral onde o vemos. É a ordem das coisas de uma multiplicidade de mundos que se abrem e se mundializam sempre mais.

Tal como é visto localmente, o etnólogo vem do mesmo mundo que o galão de combustível ou o motor a diesel que fazem funcionar os aparelhos de televisão nos povoados mais isolados. Ele encarna a modernidade que penetra os cantos mais afastados do planeta. Símbolo do "mundo", ele oferece também localmente a marca de valorização. Os chefes do Ilê Aiyê que, no bairro de Liberdade em Salvador, me abriram as portas de sua associação, de suas casas e de suas festas, o fizeram na medida em que sabiam que emanaria desse trabalho um reconhecimento externo que, pensavam eles, os beneficiaria no plano local, nacional e mesmo internacional, quaisquer que fossem minhas interpretações de sua cultura. Pode até ser que um dia eu integre os ícones externos do Ilê Aiyê, assim como Edison Carneiro integrou o do terreiro do Cobre.

Nostalgia das sociedades de outrora, busca dos traços e das "sobrevivências": a missão do etnólogo parece ser amarrada ao passado das sociedades. Daí a sua escrita, qualificada pelo termo de "presente etnográfico", que devia transmitir a verdade de um presente eterno dos povos distantes e que dizemos "sem História". Contudo, as informações são recolhidas em um mundo vivido e atual, histórico, "aqui e agora". E o próprio etnólogo, como indivíduo e cidadão, não está fora do mundo nem fora do tempo. Ele é bastante contemporâneo dos lugares e das pessoas que formam seus "objetos" de pesquisa[16]. Digamos de outro modo. Nem eremita nem iluminado, o etnólogo possui um conhecimento que não provém de um curvar-se sobre si mesmo nem de uma evasão mística. Esse conhecimento repousa sobre uma presença no mundo, ao mesmo tempo participativa e um pouco "defasada", numa submissão às regras cheias de incredubilidade. É uma atitude reflexiva no campo que inclui tanto ele quanto seus semelhantes, e não apenas os "outros".

Um exemplo dessa relatividade bem assumida da posição e do saber dos etnólogos como testemunhas e historiadores do presente foi dado pelo fato de que Georges Balandier escolheu a descrição da "situação colonial" na África negra, nos anos 1950. Como não ver, dizia ele essencialmente, que os "indígenas" que alguns etnógrafos estudavam naquele mesmo momento os mitos e a organização social eram "colonizados"? Ninguém escapava disso. E se era desagradável escutar isso, omitir era bem pior, era acreditar na imagem colonial de povos radicalmente outros e, sobretudo, fora da História, fora da responsabilidade política e cultural do mundo ocidental. Para ser bem compreendido, Balandier realizou a pesquisa nos "acampamentos africanos" que circundavam a cidade colonial e que formavam, no caso do Congo que ele estudou no começo dos anos 1950, as "Brazzavilles negras"[17]. Os africanos de diferentes lugares e etnias inseriam-se no mundo definido e dominado pelos brancos e reinventavam

---

[16] Essa questão foi objeto de numerosos debates e proposições inovadoras. Ver mais particularmente FABIAN, J. *Time and the Other. How Anthropology makes its object*, New York, Columbia University Press, 1983, e AUGÉ, M., *Pour une anthropologie des mondes contemporains*, Paris, Aubier, 1994.
[17] Ver BALANDIER, G., *Sociologie des Brazzavilles noirs*, Paris, Fondation nationale des sciences politiques, 1955 (2ª edição, 1985).

sua organização social e sua vida cultural nesse contexto. Para quem quer compreender a África atual, deve-se voltar a essas pesquisas. O presente encontra-se nelas, como germe.

Voltando ao tempo presente, de forma mais geral em relação aos diferentes tempos contextuais do "sentido da vida" sobre o qual eles se interrogam, os etnólogos apresentam-se coletivamente como descritores e historiadores do presente. Porém eles se veem, dessa forma, diante de uma dificuldade suplementar, que é a incerteza permanente para decidir sobre o sentido e sobre o que os fatos virão a ser, acontecimentos que eles (os etnólogos) têm diante de seus olhos. Nisso reside a diferença entre etnólogos e historiadores. Estes últimos já sabem o que se passou *depois* do que eles descrevem e analisam. Já com os etnólogos não é assim. Aos exploradores do tempo presente, facilmente haverá a crítica por fazerem conjecturas muito arriscadas, ou então por terem o olhar voltado demais para a atualidade como o jornalista.

Mas o jornalista está ligado ao acontecimento imediato, do qual depende e do qual busca as causas e os efeitos, pois deve forçosamente dizer alguma coisa sobre o ocorrido ("entregar a sua matéria"). Já o etnólogo trabalha em uma temporalidade diferente, mais longa do que o acontecimento descrito, e em um espaço determinante mais extenso do que aquele do lugar onde houve o evento que ele pode ser levado a viver ou a observar, de maneira previsível ou de forma acidental.

A história do presente que o etnólogo testemunha não é o "presentismo", essa ideologia que faz *tabula rasa* do passado e não se projeta em futuro algum. Bem antes do acontecimento que ele observa, e diante do qual ele pode estar em companhia do jornalista, do militante ou do turista (decididamente, o campo não é mais o que era!), ele teve conhecimento de um ou de vários eventos anteriores, de toda a vida do cotidiano simples do lugar onde o acontecimento se produz e onde, às vezes, pode estar a chave. Bem depois, o etnólogo ainda está lá, pode então situar o ocorrido em uma sequência, uma lógica própria. Ele volta incessantemente a essas questões de pesquisa, sociais ou culturais, que o evento alimenta com novas informações, às vezes decisivas, embora o ocorrido não deva *necessariamente* ser tratado em si mesmo. Ele não precisa assumir o controle da reflexão. Dizendo de outra forma, o etnólogo trabalha para recolocar o sentido do acontecimento em sua lógica contextual.

Um exemplo, a partir de então célebre, impulsiona a dupla relação com o tempo presente e com o espaço contextual na direção de um limite e de um abalo: 11 de setembro de 2001 foi um evento que se considerou impensável, e o único meio de torná-lo pensável foi o de transformá-lo em um conceito, o "*conceito do onze de setembro*", como o definiu Jacques Derrida. O sentido do conceito não está determinado, justamente porque nós ainda vivemos sob o "choque" do acontecimento. Para alguns, uma nova história está a caminho: no mundo, após a queda do muro de Berlim, o Império sem irmão inimigo descobriu-se um inimigo radical, repelidor e fundador simbólico de sua própria coerência cultural. Para outros, é a mesma coisa na versão bíblica: o arcanjo Gabriel derrotando o dragão da maldade. O deus louro contra o diabo negro. Para outros ainda, as últimas profecias pseudoantropológicas sobre o "choque das civilizações" acabam dando um verniz moderno e secular a crenças arcaicas. Os atentados de 11 de março de 2004 em Madri foram rapidamente integrados ao pensamento mundial porque foram colocados sob o conceito onze de setembro. Entretanto, admitimos ser raro que um acontecimento tome essa proporção e esteja acima de todo pensamento. Isso permanece um desafio para o entendimento.

Para além da atrocidade dos atos, pode-se levantar a hipótese de que o alcance extraordinário do evento encontra sua fonte em seu contexto, ele próprio hipertrofiado. Devemos reconhecer, por exemplo, que uma etnologia do bairro de Manhattan não diria nada, nem grande coisa, sobre o sentido do acontecimento, e mais ainda uma etnologia das empresas instaladas nas *Twin Towers*. A miopia do etnólogo, que não vê em que ambiência situa-se "seu" objeto, definitivamente não é mais possível. Nesse caso, o contexto do que se passou foi o planeta inteiro. Quem não se lembra do momento daquele dia do 11 de setembro de 2001, onde, avisado por uma amiga ou um familiar, plantou-se diante de um televisor para assistir, atônito, à destruição das torres do *World Trade Center*, cujo filme passava repetidas vezes no mesmo instante diante de minha tela, assim como diante de centenas de milhões de pessoas? O contexto mundial ocupava, então, todo o "perímetro" do contexto local. O tempo e o espaço tornaram-se sincrônicos e comuns a todos os habitantes do planeta Terra.

Não basta que o mundo exista fisicamente para que ele tenha uma realidade social e cultural. É preciso eventos que juntem, situações que reúnam, nessa escala, cada indivíduo com os outros em um espaço-tempo comum. Isso não acontece com frequência, mas aconteceu, ainda acontecerá – na partilha de uma infelicidade e, por que não, de uma felicidade.

Aí então, ficamos a pensar que, certamente, um dia, um vasto programa de *etnologia* do planeta terra *em situação* deverá ser empreendido. Será mais uma "etnografia global" [18] do que uma antropologia da mundialização, cujos fundamentos empíricos continuam vagos. O que já se sabe é que um programa como esse traria enormes problemas de organização! No mais, trata-se de um programa compatível com os princípios de uma abordagem etnológica... sem fronteiras.

---

[18] Uma equipe de pesquisadores reunidos em torno de Michael Burawoy na Universidade da Califórnia, em Berkeley, lançou, há alguns anos, a ideia de uma "etnografia global" e "sem limites" (*unbound*), a partir de pesquisas sobre o mundo do trabalho e da contestação social e política, dois dos domínios mais implicados na mundialização (BURAWOY, M. et al. *Global Ethnography: Forces, Connections, and Imaginations in a Postmodern World*, Berkeley, University of California Press, 2000).

5
A guerra

Confesso que fiquei sem saber o que dizer ao jornalista que, um dia, me disse *in off*, depois de me entrevistar para um programa de rádio, ao longo do qual eu falei brevemente de minhas pesquisas atuais sobre as guerras, os refugiados e a vida nos campos de refugiados na África negra: "Finalmente, você faz o trabalho de um repórter de guerra?" Tenho uma admiração por esses "grandes repórteres", e estou convencido de que não serei capaz de conduzir minhas pesquisas no contexto deles. Entretanto, a diferença é de outra ordem: eu não tenho "*scoop*" para entregar. O que trago de minhas pesquisas mostra essencialmente a vida simples nos acampamentos que muito se assemelham a vilarejos de formação híbrida. É essa hibridização social que é meu objeto de pesquisa.

Se as questões da etnologia, no fundo, são sempre as mesmas, os contextos mudam e, assim, nascem novos "objetos" de pesquisa e novos campos. Uma reflexão comum, mundial, sobre o que nasce atualmente nas guerras, na violência, nos deslocamentos forçados tem necessidade da *expertise* dos etnólogos, do olhar deles e de suas questões: quais espaços de vida e de identificação local emergem? Quais formas de organização social? Quais tensões e criações na cultura?

Bem no início dos anos de 1950, o programa da UNESCO sobre "A questão racial diante da ciência moderna" foi um momento marcante de engajamento intelectual. Não tenho certeza de que outras iniciativas tenham sido tão marcantes enquanto engajamento coletivo dos antropólogos. Mais acima, mencionei as tomadas de posição de Claude Lévi-Strauss. Convém também mencionar o próprio Alfred Métraux, etnólogo do *vodu* haitiano e organizador desse programa de pesquisa internacional: reunindo os especialistas de vários países, ele pretendia mostrar a possibilidade de uma vida pacífica e respeitosa das diferenças em meio a uma grande diversidade humana (o Caribe e o Brasil foram objeto de vários estudos de caso). Michel Leiris também trouxe sua contribuição com uma pesquisa intitulada "Raça e civilização"[19].

Antes de mostrar, ao longo de sua comunicação, que o preconceito racial "é realmente um preconceito – a saber, uma ideia preconcebida – de origem cultural" e não está, portanto, relacionado a nenhuma verdade genética, Michel Leiris baseou sua reflexão em uma constatação pessimista mais ampla, a da violência dos avanços da civilização industrial ocidental e dos riscos que essa violência acarretava ao mundo. Cito a seguir um trecho longo, pois nele encontra-se toda a visão de uma história que temos construído desde o início de nossa experiência. E como se diz nesses casos, nós não podemos dizer que não sabíamos.

---

[19] Texto publicado pela primeira vez pela UNESCO em 1951, depois em LEIRIS, M. *Cinq études d'ethnologie*, Paris, Denoël, 1969 (reedição Gallimard coll. Tel, 1997).

> Grandes invenções e descobertas, equipamento técnico, poder político: é verdade, eis aí razões para o homem branco orgulhar-se disso, ainda que seja duvidoso que, até o momento, uma quantidade maior de felicidade para o conjunto da humanidade tenha resultado dessas aquisições. Quem poderia afirmar que o caçador pigmeu, nas profundezas da floresta congolesa leva uma vida menos adaptada do que a de nossos europeus operários de fábrica? E quem poderia esquecer que o desenvolvimento de nossas ciências, ainda que ele nos tenha permitido conquistar progressos inegáveis, por exemplo, no domínio sanitário, em contrapartida nos permitiu aperfeiçoar de tal modo os meios de destruição que os conflitos armados assumiram, há algumas décadas, a amplitude de verdadeiros cataclismos? Acontece que, atualmente, no vasto cruzamento em que se transformou o mundo graças aos meios de comunicação dos quais ele dispõe, o homem de raça branca e de cultura ocidental mantem-se em uma posição social elevada, quaisquer que sejam as ameaças de mudanças que ele perceber crescer de fora e de dentro contra uma civilização que ele olha como a última digna deste nome [20].

Em 2004, pelo preço de uma corrida de duas horas, os motoristas de taxi de Freetown, capital da Serra Leoa, farão a visita comentada do pós-guerra no centro da cidade; vocês verão seus prédios crivados de balas, suas construções em ruínas, suas calçadas esburacadas e os esgotos onde as pessoas permaneciam espremidas umas às outras por longas

---

[20] LEIRIS, M. "Race et civilisation", in *Cinq études d'ethnologie, op.cit.*, p.10.

horas enquanto duravam na rua os tiros dos *fighters* ou dos milicianos. Os mais sortudos conseguiam fugir e passar pelas fronteiras da Libéria ou da Guiné, postos bastante provisórios de paz nos acampamentos, eles próprios também frequentemente atacados. A guerra da Libéria e da Serra Leoa durou de dezembro de 1989 a agosto de 2003. Em 2004, os dois países estão sob o controle de milhares de soldados em missão da ONU.

Já há quase meio século, regiões outrora consideradas Terceiro Mundo, subdesenvolvidas ou em desenvolvimento, entraram bruscamente na modernidade; o tráfico internacional das armas (provenientes da França, da Bélgica ou de Israel), a circulação das milícias transnacionais (que são filiais, por exemplo, na África ocidental, das empresas de segurança sul-africanas ou australianas), os deslocamentos forçados de populações de um país a outro, a economia predatória dos grupos armados, a presença "salvadora" mas também constrangedora e, por vezes, opressiva das organizações humanitárias e da ONU. Tudo isso passou a fazer parte da vida social das comunidades dos vilarejos, inscreveu-se na paisagem das povoações e das cidades. Foram essas as formas mais evidentes e massivas sob as quais o processo da mundialização intensificou-se nesses últimos anos na África negra. Em resumo, para realmente fazer parte da mundialização entre na guerra.

Essas regiões são atualmente assimiladas, espontaneamente e de maneira estereotipada, às imagens de crise, de pobreza ou de "guerra tribal". A visão angelical do bom selvagem inocente cedeu lugar ao horror dos espetáculos "sanguinários" e obscenos dos corpos violados e gravemente feridos. Em qualquer hipótese, esses estereótipos mantêm em um isolamento aqueles sobre quem eles falam (ou sobre os quais eles não falam exatamente, mas que lamentam ou denunciam) numa alteridade absoluta, contrária a toda realidade histórica. Na verdade, a colonização, a descolonização, a cooperação "neocolonial" e agora os acordos da "comunidade internacional" e a ambiguidade da intervenção humanitária formaram o contexto desses destinos, sob vários aspectos realmente trágicos. Estes últimos não se explicam de forma isolada de seus contextos históricos, desde os massacres e o genocídio de Ruanda cuja fonte "étnica" remonta às clivagens fixadas e mantidas pela administração colonial belga até a guerra de mais de 30 anos de Angola, que foi um dos palcos locais do afrontamento leste-oeste antes de se tornar, nos anos 1990, uma guerra de posições para monopolizar riquezas territoriais e cujos interesses econômicos dos países ocidentais (aqueles ligados ao petróleo, aos diamantes e à venda de armas) foram determinantes. Naquela guerra, por mais distante que possa parecer, Portugal, a ex-União Soviética, os Estados Unidos ou a França tiveram um papel decisivo.

O etnólogo viaja e de suas viagens ele traz uma imagem inversa do horror. Sociedades africanas ou latino-americanas, independente ou fora da dominação estrangeira, certamente conhecem formas de poder e de violência; e não há, na verdade, nada de original nisso. Mas tudo se desdobra e se mescla na relação de dependência colonial ou pós-colonial; certos poderes locais tornam-se contatos bajuladores de poderes econômicos ou políticos ocidentais. Mesmo quando há resistências regionais, a violência da desigualdade econômica da mundialização retém a maior parte dos povos da África, da Ásia e da América Latina em um estado de submissão política, na acumulação dos endividamentos artificiais em relação aos governos e às sociedades do Primeiro Mundo, que deixa como única margem o pedido de "moratória" da dívida, ou seja, quase nada. E como não ver que a potência militar (técnica e humana) do mundo ocidental visa, em primeiro lugar, fazer de seus próprios territórios a zona mais protegida do planeta? A "fortaleza Europa" acolhe menos de 5% das migrações mundiais apesar do espectro incessantemente destacado das invasões bárbaras; e a América insularizada, sendo uma hiperpotência, protegeu-se sempre do ataque distante de suas fronteiras.

No mesmo ano em que a UNESCO engajou-se em uma reflexão sobre o racismo do ponto de vista científico, a ONU deu origem ao Alto Comissariado das Nações Unidas para os refugiados (o HCR[21], inicialmente criado para um período de três anos), e adotou a Convenção de Genebra de 1951 que definiu o estatuto e os direitos do refugiado. Havia, então, em torno de um milhão de refugiados sob a responsabilidade das Nações Unidas. Cinquenta anos mais tarde, segundo estimativas do HCR (sempre em atividade e envolvido em polêmicas permanentes!), cinquenta milhões de pessoas são vítimas de deslocamentos forçados no mundo. Elas têm muito menos direitos e prestígio do que os primeiros refugiados.

Façamos as contas, necessárias ainda que casuais. Dependendo dos anos, são mais ou menos quinze milhões de refugiados *stricto sensu*, ou seja, pessoas *registradas* pelo HCR fora do país de origem. Entre vinte e cinco e trinta milhões de deslocados internos [22], o que significa refugiados que permaneceram em seu próprio país. Três milhões de palestinos

---

[21] HCR – Haut Commissariat des Nations Unis pour les Réfugiés/Alto Comissariado das Nações Unidas para os Refugiados (N.T.).
[22] IDP na linguagem da ONU, ou seja, *Internally Displaced Persons*

refugiados entre os anos de 1940 e 1960 em diversos países do Oriente Médio, dos quais quase a metade vive no campo. Centenas de milhares de solicitantes de asilo em espera de regularização ou de expulsão, de exilados que se tornaram por alternativa refugiados, clandestinos ou migrantes. Entre todas as pessoas em situação de deslocamento, o número dos refugiados "estatutários" (quer dizer protegidos pela Convenção de Genebra de 1951) tem diminuído regularmente ao longo dos anos. Na União Europeia, em 1999 eles representavam menos de um quarto do total das pessoas reconhecidas como refugiados. Surgiram outros status que dão apenas direito a proteções parciais e temporárias: "asilo territorial", "asilo humanitário" e outros status precários a exemplo da "proteção subsidiária" (uma admissão excepcional para a temporada em um país e que não implica o reconhecimento do status de refugiado)[23]. Hoje em dia, os governos da União Europeia imaginam fórmulas que colocam em questão os princípios inscritos na Convenção de Genebra de 1951, particularmente no que se refere à interdição das expulsões e à rejeição dos pedidos de asilo. Uma dessas "soluções" consiste em ajudar financeiramente "países seguros", na verdade países de transição, onde estariam sistematicamente sob medidas provisórias os refugiados vindos dos países circunvizinhos (a Tanzânia, o Quênia, a Zâmbia, a Líbia ou o Marrocos são suscetíveis de exercer esse papel). Surgiu também o conceito de "asilo interno" (na França, antes de ser adotado pela comunidade europeia): foi a instalação (e logo, a rejeição possível) dos refugiados em zonas supostamente "seguras" no interior de seu próprio país.

---

[23] Ver MORICE, A., "L'Europe enterre le droit d'asile", *Le Monde diplomatique*, março de 2004, p. 14-15.

Finalmente, esse afastamento dos indesejáveis aconteceu com a multiplicação dos centros de recepção, de retenção ou de trânsito, como o Centro de Sangatte no norte da França (aberto de 1999 a 2003) ou o campo de retenção de solicitantes de asilo tchetchenos em Traiskirchen na Áustria[24].

Além dos problemas políticos e humanitários em si, há alguma coisa que surge de uma mudança cultural violenta, se pensarmos nos campos etnológicos tradicionais, nessas sociedades que consideramos "frias" porque foram pouco tocadas pelos abalos da história e mudaram muito lentamente.

Reconhecer essa experiência conduz necessariamente a que nos interroguemos sobre a cultura que emerge: modos de vida provisórios que duram (o habitat nas tendas coletivas, depois choupanas padronizadas, as recomposições familiares nos campos, a alimentação à base de milho ou triguilho[25] importados da ração alimentar do PAM[26]), socializações institucionais de um novo tipo (a descoberta das ONG's e organizações da ONU), e a relação – social e simbolizada – com um "outro" que pertence, eventualmente, a outros grupos étnicos ou linguísticos. Dessa forma, pode-se levantar a hipótese de que os espaços da guerra, da fuga e dos refúgios, clandestinos ou oficiais estão formando novas "áreas culturais", com toda a profundeza, a extensão e a duração que em geral se associa a essa expressão. Convenhamos que uma hipótese como essa pode surpreender, mas ela não pode realmente confundir os etnólogos a não ser se eles acreditarem na pura existência, fora de contexto, dos fatos de cultura.

---

[24] Ver o mapa "Les camps d'étrangers en Europe", revue *Plein droit*, GISTI, nº 58, dezembro de 2003.
[25] *Bulgur*, no original. O triguilho é um produto derivado do trigo (N.T.).
[26] Programa Alimentar Mundial das Nações Unidas.

Em algum lugar entre os postos de fronteira da Libéria e da Guiné chama-se de "*grey zone*" um espaço com grandes tendas coletivas, nas quais se agrupam várias centenas de pessoas. Um posto de polícia está situado a algumas dezenas de metros. Quanto aos refugiados, eles esperam que os peguem, que sejam declarados "refugiados" e que sejam conduzidos em caminhão para os campos do HCR na Guiné florestal. Alguns mais espertos têm o hábito dessa vida e desse gênero de circulação; eles não querem simplesmente ser assistidos, esperam ver se isso vale a pena; senão se escondem para não serem enviados aos campos. Mais tarde, reaparecem e inscrevem-se em família.

Na Guiné e na Serra Leoa, eu passei vários meses indo de um campo de refugiados a outro, fazendo uma etnografia dita multilocal, circulando assim no mundo criado para a guerra e a intervenção humanitária. A pesquisa (conduzida em estreita colaboração com Médicos Sem Fronteiras) não foi concluída, ela deve se prolongar nos campos de deslocados do Bong, na Libéria. Eu me dei conta, trabalhando e falando com os refugiados liberianos, que a partir da experiência deles podia-se reconstituir um espaço que não seria unicamente o dos campos, mas que inclui a vida social da guerra, a organização da sobrevivência na fuga e, enfim, diferentes espécies de refúgios, oficiais ou clandestinos. Tudo isso forma uma vasta "zona cinzenta": um conjunto de *hors-lieux* [27], de espaços situados, no plano geográfico, político e jurídico, fora da lei comum dos

---

[27] *Hors-lieux*, algo próximo de "Fora de lugares", é uma noção de Michel Agier, inspirada em Michel Foucault, para designar espaços onde são circunscritos indivíduos deslocados, de que são exemplos os campos de refugiados. Portanto, são zonas marginais, liminares, de fronteiras, de trânsito e de confinamento que produzem uma espécie de "extraterritorialidade" que lhes dá uma característica diferenciada: um espaço outro, "fora de lugar" (N.T.).

humanos, fora da "ordem normal (e nacional) das coisas". Eis aqui algumas referências.

Os refugiados liberianos eram envolvidos com a guerra. Muitos contam que foram "escravos" dos *fighters*. Inúmeras jovens contam terem sido violentadas, raptadas, depois tratadas como "esposas", dizem elas, o que significa que tiveram de acompanhar os *fighters* e servi-los. Os homens, jovens ou velhos, tiveram que levar material, munições ou mercadorias para os grupos combatentes, às vezes tomar as armas pela força ou fascinados pelo poder dos soldados. Todo mundo conheceu os Kalachnikovs, "AK 47, AK 50". Caçadores tradicionais foram recrutados pelas forças governamentais, tanto na Libéria como na Serra Leoa, para ajudá-los a defender seu território contra os grupos rebeldes.

O espaço da guerra fez parte, portanto, do espaço de vida de uns e outros, por diversas razões, desde que tudo começou em 24 de dezembro de 1989. Mas há também a floresta. Antes de chegar aos campos de refugiados, quando ainda estavam em seus vilarejos, as pessoas se organizavam retirando-se para seus "refúgios" pessoais ou familiares que tinham na floresta. Os campos de arroz, em particular, ficam fora do vilarejo; as pessoas possuem ali tendas de palha onde dormem quando vão trabalhar por alguns dias. Fizeram disso abrigos de guerra onde esconderam alimento, para o caso de serem expulsos pelos combates. De uma forma geral, a vida no *bush* faz parte da experiência deles como refugiados. Comer inhames selvagens, frutos das palmeiras, furtar alimento.

Enfim, há diferentes formas de campos. Os campos dos deslocados, muito importantes para os liberianos, e os diversos campos de refugiados. Eu refiz o itinerário de alguns campos por onde passaram os refugiados durante os treze anos de guerra. O percurso-padrão do refugiado parte de Lofa, na Libéria, passa num campo de deslocados próximo de Monrovia, depois na Serra Leoa em um campo de refugiados; e quando as coisas vão mal em Serra Leoa, o refugiado encontra-se em um campo no leste da Guiné. Muitos quiseram se instalar por eles próprios – e "clandestinamente" – em Freetown ou em Conakry, a capital da Guiné, para trabalhar nessas localidades. Mas isso criou conflitos com as autoridades guineenses, e mesmo com o HCR. Em junho de 2003, os refugiados liberianos de Conakry foram obrigados a se declarar (foram recenseados em torno de 50.000 na capital guineense) e a ir para o campo, pois, caso contrário, eles não receberiam subsídios. Com certeza, é sempre possível recusar (a maior parte age assim). Isso faz a diferença, pois se eles se declaram saem da ilegalidade, recebem uma ajuda alimentar e têm o direito de fazer um pedido de "reinstalação em um terceiro país". Mas esse tipo de demanda é ineficaz na maior parte do tempo.

Uma vasta rede dos lugares de guerra, de fuga e de refúgio formou-se ao longo da guerra, no seu centro ou em suas margens. Isso estruturou um espaço comum de práticas, de comunicação e de interconhecimento – critérios que permitem definir, de uma maneira geral, os "mundos" que o etnólogo estuda.

Vivi uma experiência ao mesmo tempo emocionante e muito significativa nesse espaço comum. Eu estava em um campo, na Guiné florestal, quando um refugiado liberiano me contou que seu filho de dez anos fugira um mês antes. Muitas famílias se desfazem quando fogem do *bush*. Esse homem reconstruíra uma choupana, tentava recompor uma família no campo. Disse-me pensar que seu filho estava em outro campo, a 300 quilômetros aproximadamente dali, certamente com a avó, e me pediu para ajudá-lo a recuperá-los.

Era minha próxima etapa. Chegando lá, sem acreditar muito, vou ao posto da Cruz Vermelha Internacional (CICR, que tem um programa de "aproximação familiar") com os elementos de identificação do garoto e de sua avó. Comunico a situação ao empregado que, sozinho e completamente entediado, me recebe no pequeno escritório da Cruz-Vermelha. Para minha surpresa, ouço-o dizer-me: "Espere, conheço uma velha que tem esse nome...". Rapidamente, atravessamos toda uma parte do campo para chegar a um quilômetro mais longe em uma cabana na qual se encontrava realmente a avó da criança. Nós os encontramos e isso me pareceu extraordinário.

Diante disso, tive a consciência de que ante essa experiência os programas de reagrupamento do CICR funcionam eventualmente apenas porque as pessoas *já sabem*, antecipadamente, que – provavelmente, talvez, ouviram dizer... – neste ou naquele campo eles têm um parente.

Uma outra pista. Na entrada dos campos, nos centros de reagrupamento ou de recepção, as pessoas descem dos caminhões que os apanharam nas zonas de trânsito, as "grey zones" próximas à fronteira. Logo que chegam são cercadas pelos habitantes do campo, que os examinam e os interrogam. Eles tentam reconhecer alguém ou obter informações sobre as pessoas de seu vilarejo, de sua região e, por que não dizer, de sua família.

Foi dessa forma que algumas pessoas que há dez anos não saíam dos campos puderam ter notícias de um parente próximo, falecido ou vivo, num outro extremo do exílio.

6
Palavras

Entre a identidade e a alteridade, o mesmo e o diferente, entre os outros e eu, as coisas acontecem lentamente, sequências de vida que deixam literalmente suas *impressões* na memória e, às vezes, no caderninho de anotações do etnólogo. Por falar nisso, convém recorrer a um conjunto de palavras que constroem laços, designam e precisam o que é este "campo vago" dos encontros: mediações, passagens, cruzamentos, trocas.

Boa parte dessas mudanças passa pela palavra. Entretanto, nada garante que esta palavra é uma "pura" informação, e digamos de imediato que é precisamente isso que constitui uma riqueza e não um problema: as interferências e complexidades da relação etnográfica tornam a entrevista oral bem diferente do questionário impessoal da pesquisa quantitativa. Suas significações são múltiplas. O contexto da troca ou a identidade dos interlocutores são tão determinantes quanto a vontade, a curiosidade ou as questões do etnólogo. Segundo seu status, alguns desses interlocutores fazem da entrevista algo muito pessoal ou muito "político" – do ponto de vista deles, as palavras enunciadas representam um direito de fala.

Penso exatamente em três tipos de interlocutores e "informantes" que encontrei em situações diferentes, inicialmente em Lomé, depois na Bahia e, mais recentemente, em Serra Leoa. O primeiro é uma figura clássica do método etnológico, a do "informante privilegiado". Os dois outros estão ligados a situações mais específicas, correspondem aos modelos do "porta-voz" em um quadro político e ao da "testemunha" em um contexto humanitário.

Foi em Lomé, por ocasião de meu primeiro campo, que descobri o significado de "informantes privilegiados". São chamados assim no ensino etnológico os detentores de um saber ou de um poder cuja competência ou posição são compatíveis com a pesquisa do etnólogo: chefes de linhagem, sacerdotes e outros dirigentes de culto, professores primários do vilarejo, mas também responsáveis de associações ou de sindicatos, pois têm todos uma visão de conjunto da localidade. Essa visão é bastante aproximada do olhar que o etnólogo busca ter. Há uma correspondência entre ambos e um diálogo sobre temas de interesses comuns. Bem instalados, esses informantes são fontes numerosas de informação, sendo útil, portanto, estabelecer com eles uma relação duradoura. Mas certamente isso não quer dizer nada da qualidade das relações pessoais que se pode ter. Nada presume, no plano epistemológico, que o etnólogo seja branco e pertença ao mundo dos dominadores e que o "nativo" de suas pesquisas deva ser negro, vermelho ou marrom e pertencer a uma sociedade dominada — mesmo se historicamente foi dessa forma que a etnologia profissional começou.

Conheci o suficiente uns vinte dos pais-patrões que dominavam o mundo dos comerciantes hauçá, os *mai gida* do bairro zongo "despejado" de Lomé. Junto a esses locais notáveis, eu queria recolher informações sobre a organização social das redes de comércio das quais eles eram os agentes principais. Isso pelo fato deles serem os locadores dos comerciantes estrangeiros de passagem, os patrões de jovens trabalhadores dependentes, os proprietários de casas e os chefes de família e de grandes redes familiares, os *mai gida* tinham essa visão de conjunto do mundo hauçá de Lomé, o que fazia deles informantes privilegiados. Mas eles eram igualmente privilegiados no sentido em que *eles mesmos eram uma informação*.

Eram homens dotados de fortes personalidades, de prestígio e de influência. Primeiramente, uma interferência muito pessoal me perturbou: esses grandes comerciantes hauçá representavam uma figura paterna forte, frequentemente autoritária; orgulhavam-se de suas trajetórias sociais, dissociadas da imagem fascinante do estrangeiro, do branco ou do intelectual. Naquele momento, sendo eu mesmo bastante jovem e inexperiente em relação ao que seria meu primeiro "campo", confesso, jamais me senti na pele do "branco dominador". Essa ideia permaneceu sempre estrangeira para mim, ao menos em termos pessoais. Pelo contrário, mais de uma vez, diante de alguns desses "pais-patrões" eu me identifiquei com a posição de um yaro ("criança" em hauçá e, por analogia, "dependente" – o termo é utilizado para designar, de uma maneira geral, os aprendizes e "trabalhadores familiais" dos comerciantes). A palavra dos "pais-patrões" hauçá era uma palavra de mestre; eu recolhia suas narrativas e explicações como um aprendizado.

Essa impressão deixada pela autoridade dos *mai gida* em relação à pesquisa tal qual eu a vivi foi um dos dados "objetivos" que me levaram a concentrar minhas interpretações no mundo hauçá de Lomé sobre o papel de pivô desempenhado por essas personagens nas redes comerciais e sociais translocais.

Uma outra experiência, sobretudo divertida, me permitiu descobrir outras interferências da vida pública na relação privada, onde as entrevistas acontecem, bem como me permitiu tirar benefício disso. Trata-se de visitas e entrevistas repetidas junto a um líder negro do bairro do Pelourinho, na Bahia.

Para pessoas habituadas a se produzirem em público, habituadas à "entrevista" que se tornará pública, fazer uma narrativa autobiográfica para um estrangeiro é, de toda forma, algo rotineiro. O "líder" quer demonstrar ali seu engajamento, suas renúncias e a identidade profunda que o une à "comunidade" e à missão que ele pretende desenvolver.

A narrativa de sua vida transforma-se, então, em uma situação praticamente ritualística, onde acontece o encontro simbólico entre um destino pessoal e uma história coletiva. Nesse momento, a troca verbal entre o etnólogo e seu anfitrião é, para este último, um exercício de apresentação de si mesmo que já não mais permite distinguir os espaços público e privado. A ênfase e a emoção podem estar presentes e refletem o caráter maravilhoso do caminho trilhado – pelo menos tal qual ele é reconstruído retoricamente nessa situação.

Esse líder negro era um dos responsáveis por vários movimentos e associações para a defesa do Pelourinho e para a promoção dos negros no âmbito municipal. Eu fizera com ele, em sua casa e em seu local de trabalho (um bar e restaurante muito badalado do qual ele era o patrão), uma série de entrevistas sobre sua biografia e seus engajamentos atuais. E qual não foi a minha surpresa vê-lo pronunciar, algumas semanas mais tarde, um discurso diante de uma multidão reunida na praça principal do bairro no qual uma festa era celebrada em sua honra: seu discurso começava, palavra por palavra, da mesma forma e era dito no mesmo tom que a narrativa que ele me fizera por ocasião de nossas conversas!

Tanto em um como em outro caso, o líder *definia a situação* nos mesmos termos: os de uma fala pública na qual ele se colocava como o representante (e a encarnação pessoal) de uma causa e de uma comunidade. Uma trajetória "inédita", dizia ele, e na qual sua força moral lhe permitira superar um destino prometido à pobreza. Filho de migrante, trabalhando desde a idade de oito anos, sua história era a de uma pessoa "despachada", sucessivamente menino de rua, jornalista de *faits divers* e comerciante. Três vezes candidato a funções de vereador e deputado, ele se considerava como uma "figura popular".

O que fazer diante desse gênero de fala que parece utilizar a relação de pesquisa proposta pelo etnólogo em seu proveito? Provavelmente nem tudo é verdade nas histórias que ele conta – apesar de tudo, pode-se dar conta disso checando suas informações com outras fontes. E sobretudo a memória seletiva e o tom encantado da narrativa são uma informação sobre a maneira como se constituem os "sujeitos" enquanto representantes de um coletivo e *detentores da fala* num espaço político. Sua comunidade de referência e de legitimação era virtual, o que permitia a sua retórica política de se desdobrar em direção a três "bases" políticas e identitárias possíveis, entre as quais ele transitava de uma para outra do mesmo modo que hesitava: a do bairro em que morava, a da comunidade negra de Salvador e a dos pobres da cidade.

O fato de não gostar dos homens de poder, dos interesseiros e dos ambiciosos não me impediu de apreciar os esforços desse homem, um pouco insignificantes naquele momento de sua trajetória (ele não atingira os ápices políticos com os quais sonhava). Aprendi com ele bem mais do que informações sobre as migrações e o trabalho na Bahia: ele mostrava que a palavra política constitui-se como uma arte à parte, em espaços de fala próprios e que a pesquisa pode, em uma determinada ocasião, representar uma das cenas.

Partindo ainda de uma reflexão sobre a natureza das trocas verbais na relação da pesquisa, faço, agora, a descoberta de uma outra arte: a do "testemunho" no mundo dos refugiados e vítimas da guerra da Libéria e de Serra Leoa.

Uma experiência muito particular é vivida por aquelas e aqueles que encontramos nos campos de deslocados e refugiados. São os sobreviventes de uma guerra, de um massacre, os fugitivos de todo um vilarejo tomado pelo medo de um massacre anunciado. Eles são marcados pela redução da vida à simples sobrevivência na privação, pela falta de tudo e pelo temor de ser apanhado, até o momento em que uma "proteção" é assegurada em um espaço humanitário, no qual não se dá a certeza de que seja totalmente protegido, e onde a proteção pode se tornar o início de um encarceramento e de um longo distanciamento. Os campos permanecem por meses, anos. Refiro-me a isso porque considero que a etnologia moderna deve estar lá também. Como se trata do lugar em que vivem, mais do que de uma passagem efêmera e insignificante, busco o sentido que essa inscrição local particular adquire em suas vidas.

Mais de uma vez notei que minhas trocas com os refugiados nos campos eram muito distorcidas sem que eu pudesse fazer nada contra isso, pela imagem que eles têm do testemunho. O testemunho está ligado à presença deles, a este lugar preciso – campo, abrigo humanitário – onde eu os encontro e onde evidentemente eles devem estar. Alguns dentre eles, melhor que outros, sabem que, independente do que tenham vivido realmente, o testemunho em si, em sua forma oficial e definitiva, deverá ser bastante "convincente" para afastar toda preocupação de serem criminosos, para justificar seu estatuto de vítima e de "ter direito" à assistência humanitária.

Além disso, a casuística das intervenções políticas ou humanitárias que traçam o percurso dos refugiados coloca de maneira obsessiva a questão da verdade dos propósitos de cada um deles, que têm em mente essa pressão e aprenderam a confrontá-la... o que igualmente reforça as tentativas de controle da verdade! A suspeita da mentira está sempre presente, ao mesmo tempo em que, às vezes, existe uma grande necessidade de adequar, mais frequentemente, o testemunho individual às supostas expectativas dos fiscais.

Mais do que me lamentar constatando que nossas entrevistas, de alguma forma, são "pré-determinadas" pelo contexto no qual elas se colocam, fui levado a me interessar por esta forma de fala particular que tem como modelo o "testemunho de refugiado".

Segue aqui um relato de um encontro ao longo do qual aconteceu um testemunho que considerei, em minhas notas de campo, "o testemunho perfeito" e que a partir de então me serve de referência nesta pesquisa.

Em Serra Leoa, no campo de Jembe, um pouco mais de 6.000 refugiados liberianos estão reagrupados há dois anos. Ao final do ano de 2003, encontro Marayama, que fugiu da região de Lofa Bridge, do outro lado da fronteira da Libéria a aproximadamente 200 quilômetros do campo. Ela conheceu as duas fases da guerra da Libéria, a do início dos anos de 1990 e a do final dessa mesma década. Na primeira fase, ela fugiu para a Costa do Marfim e lá ficou durante quatro anos, sob a guarda do HCR e de diversas ONG's; depois, seguiu sua rota de exílio na Guiné antes de retornar à Libéria. Em maio de 2002, ela foi atacada com seu marido e seus filhos por 23 soldados rebeldes, em sua casa de Lofa Bridge. A casa foi cercada e invadida, ela foi surrada (mostra, inclusive, as marcas na perna), um rebelde atira entre suas pernas, enquanto um outro aponta a arma para ela durante um momento muito longo. Seu marido foi igualmente surrado, depois foram os dois deixados nus em casa. Os rebeldes partem com dois de seus filhos, que ela e seu esposo não verão mais nunca. Ela fica ferida, fragilizada, e é carregada por seus outros filhos. Eles vão todos até o posto de fronteira de Lofa Bridge. Encontram ali uma passagem clandestina para atravessar o Mano river numa canoa. Chegam a um centro de acolhimento próximo ao rio (do lado de Serra Leoa), depois são conduzidos mais longe, em um centro de passagem, de onde são levados para o campo de Jembe, algumas semanas mais tarde (naquela ocasião, o campo era ocupado pelos deslocados internos da Serra Leoa à espera de serem transferidos para suas regiões de origem).

Observo: ela fala longamente, de forma ininterrupta. A casa está na semiobscuridade. Tudo que ela diz é marcante e eu não preciso perguntar nada. Ela dá os detalhes, não tem medo de falar. Enquanto ela falava, eu pensava exatamente assim: é perfeito, como um filme documentário sobre os refugiados, é como uma foto de Sebastião Salgado, é como Madeleine Mukagasana que abre o espetáculo Rwanda 94 sozinha, em um grande cenário e diante de um público numeroso da *Cité de la Villette*, dizendo: "Eu não sou uma atriz, eu sou uma sobrevivente do genocídio"[28].

Ao fundo da cena, crianças passam mas nenhuma a perturba. Ela está sentada. Isso contrasta com numerosas entrevistas que são regularmente interrompidas por crianças que vão e vêm, pessoas que tagarelam, interrompem meus interlocutores, sobretudo minhas interlocutoras.

Observo também que ela fala melhor inglês do que a maior parte dos liberianos, pois eles utilizam um *pidgin* frequentemente difícil para um europeu compreender.

Por várias vezes retorno à casa deles nos dias seguintes. Fico sabendo também que ela é ligada a uma ou duas organizações não governamentais (ONG) e a empregados do HCR desde os campos da Costa do Marfim. Muito ligada a uma mulher holandesa, responsável por uma ONG com quem trabalhou por dois anos em Danané, na Costa do Marfim, e que ela voltou a encontrar em um campo da Guiné onde, em seguida, passou uma temporada.

Fico sabendo ainda que seu marido é um pastor e líder de uma igreja pentecostal. Também encontro com ele: tem uns quarenta anos e assim como a esposa fugiu na direção da Costa do Marfim, mas de Danané seguiu para Abidjan, onde fundou igrejas pentecostais. Nos últimos anos, sistematicamente ele abriu igrejas e "negócios".

---

[28] Rwanda 94, espetáculo-testemunho encenado por Jacques Delcuvellerie, criação do Groupov (Liège), 2000, apresentado em Paris na *Cité de la Villette* em novembro de 2002.

Explica que fundou uma espécie de comunidade agrícola na Libéria, e foi lá que ele foi atacado pelos rebeldes do Lurd [29], que quiseram pegar seu dinheiro. No Campo de Jembe, fundou uma igreja pentecostal, *"Abundant Life in Christ"*, e uma pequena empresa informal, *"Liberian Christian Action"*: uma locadora de vídeo já foi construída ao lado da igreja.

Aí, na igreja do campo, pratica-se sistematicamente o *testimony*: os que querem, falam publicamente, contam um pedaço de sua história pessoal, e tudo termina com "*aleluia*" e aplausos. Marayama diz: quando ela chegou ao campo, disseram-lhe para se apresentar em uma ONG especializada na ajuda de vítimas de tortura – é um lugar onde se encontram as vítimas para que essas falem entre si. Ela participou dali duas vezes, depois, não foi mais: "isso não me servia de nada – disse ela – para falar eu tenho minha igreja".

Observo, então, que a narrativa mais tocante entre todas as que pude perceber foi produzida por alguém que pode manter um quadro comunitário (familiar e religioso), que tem "competências" sociais e linguísticas, o costume de lidar com organizações internacionais e uma certa experiência de testemunho. Procuro escolher minhas palavras: observo que ela não foi violentada, por ocasião do episódio cruel que narra. Outras mulheres mais jovens do que ela viveram atrocidades que contam receosamente. Foram violentadas várias vezes, agredidas, obrigadas a assistirem crueldades feitas com pessoas próximas, mas não sabem expressar isso muito bem. As entrevistas com elas

---

[29] Liberians United for Reconciliation and Democracy, grupo militar formado (com o apoio da Guiné) em 2000 com a finalidade de reverter o regime instalado por Charles Taylor depois da primeira guerra da Libéria.

são difíceis, tenho constantemente a impressão de fazê-las rememorar momentos que querem esquecer. Não têm a preocupação de produzir um testemunho tão convincente e tão "forte" quanto o de Marayama. Esta última já conhece a força do testemunho em si mesmo. Escutando as outras mulheres, tem-se o sentimento de que elas deveriam "trabalhar" seu testemunho; tem-se até mesmo a vontade de ajudá-las. Na França, há precisamente ONG's que se dedicam a isso: elas colocam os solicitantes de asilo um diante do outro para melhorar seus testemunhos, torná-los eficazes, comunicáveis, convincentes. Por exemplo, testemunhar bem pode permitir a um solicitante de asilo ser reconhecido em seu estatuto.

Comentar a fala dos refugiados a propósito de seus sofrimentos é também interrogar-se sobre seu silêncio. "Se eles não têm um discurso coerente sobre o que aconteceu, é ainda a marca de um trauma", dizem os psicólogos. Ou trata-se da inibição social ou da incompetência linguística da parte de mulheres jovens, por exemplo, que têm entre 12 e 18 anos e que, de toda maneira, não têm muito direito à palavra nos vilarejos de Lofa ou nos bairros pobres de Monrovia de onde elas vêm?

Não seria também o silêncio – para alguns desses refugiados, homens ou mulheres, jovens ou idosos –, uma maneira senão de "falar" pelo menos de defender um ponto de vista, o do silêncio como estratégia de esquecimento preparatório para o retorno dos refugiados e para a reconstrução da vida social após a guerra?

Uma observação de Paul Ricoeur convém, particularmente, à minha fala e a esse campo de pesquisa: não se deve deixar ocupar todo o campo da interpretação dos excessos e deficiências da memória pelas "interpretações patológicas", diz ele; "razões estratégicas" podem, por sua vez, explicar tanto o esquecimento quanto a memória; a anistia precisa de amnésia[30]. Por seu lado, Marc Augé [31] observa que os apelos reiterados ao dever de memória são incompatíveis com o ponto de vista dos que viveram os sofrimentos dos quais falamos: no caso deles, "sobreviver" estabelece primeiramente um "dever de esquecimento". É a esse dever que, imediatamente ao pós-guerra, parece se dedicar um certo número de refugiados liberianos dos campos da Guiné e da Serra Leoa que vivem na espera impaciente do retorno e da reconstrução social de seus países.

Os sofrimentos e os silêncios das pessoas que encontrei nos campos de refugiados mostram todo o interesse de uma *antropologia do uso da palavra*. Essa perspectiva já aparece nos dois episódios que relatei a propósito dos notáveis hauçá de Lomé e do líder negro da Bahia. Episódios muito diferentes, é verdade, mas em todo caso a reflexão epistemológica (que trata das condições e do desenvolvimento da pesquisa etnológica) se transforma naturalmente em uma reflexão teórica sobre a identidade, o lugar-no-mundo[32] e as condições do exercício de um direito à palavra dos anfitriões do etnólogo. A situação extrema dos refugiados põe de modo aguçado uma questão e vale para todos: em quais condições, sob quais formas e em quais contextos indivíduos que foram feridos, humilhados ou expulsos violentamente de suas casas tomam alguma iniciativa e tornam-se, dessa forma, "sujeitos" – sujeitos de uma fala ou de uma ação? Em que contexto essa fala pode ser dita, e para dizer o quê?

---

[30] RICOEUR P., *La mémoire, l'histoire, l'oubli*. Paris, Seuil, 2000.
[31] AUGÉ, Marc, *Les formes de l'oubli*, Paris, Payot, 1998
[32] *Place-dans-le monde*, com hífen no original (N.T.).

A questão da verdade está no centro da reflexão sobre o testemunho. Em que ele interessa realmente ao etnólogo? Este último não busca produzir "verdades", uma vez que elas não são nunca definitivas, e o próprio etnólogo seria mesmo incapaz de dizer de antemão qual é a "verdade" diante da qual ele poderia controlar as palavras dos outros. É bem mais interessante saber por que e como as pessoas fazem narrativas estereotipadas em vez de desmascarar a mentira. E para o etnólogo, compreender o mundo tal qual ele é consiste, por exemplo, em descrever como várias pessoas juntas constroem uma verdade coletiva. Sabendo que, pelo menos em parte, essa verdade talvez seja uma mentira individual, uma vez que as testemunhas finalmente falarão de acontecimentos que não viveram pessoalmente, ainda que realmente tenham ocorrido.

7
O olhar das margens

O conhecimento etnológico não pode ser feito inteiramente sob a forma de inventário. Ele não é uma soma de informações exóticas que se pode guardar e tirar de um cofre de mistérios. Claro, as monografias e os *cases studies* são as testemunhas de um presente múltiplo, aliás, mais frequentemente de um presente-já-vivido[33] do que de algo ainda existente.

A soma de todas essas imagens de mundos diferentes, se ela por acaso fosse concebível, teria a aparência de um *patchwork* profundamente heterogêneo, inacabado, impossível de fixar, nem em um quadro nem em um armário. Os Anuários, os grandes arquivos e outras compilações de monografias étnicas realmente existiram até os anos de 1960, 1970. Mas não foi possível mantê-los "em dia", porque as mudanças foram muito rápidas e continuam sendo assim. Também porque com o aumento do número de profissionais os conhecimentos se ampliaram: o estudo de novos grupos foi possível; novos campos, não "étnicos", abriram-se; e, por fim, as questões colocadas diversificaram-

---

[33] *Présent-déjà-passé*, com hífen no original (N.T.).

se. Finalmente, as descrições tornaram-se coletivamente menos comparáveis e os pesquisadores mais indiferentes aos grandes projetos de inventário. As monografias, as pesquisas etnológicas de uma maneira geral, assumiram um conteúdo e uma finalidade mais próxima da exemplaridade do que da exaustividade.

Essa desordem me agrada bastante. Faz lembrar que o ofício do etnólogo é uma experiência pessoal; seu saber é artesanal e só continuará existindo enquanto resistir a toda produção automática de tipo industrial. As ambições teóricas de cada novo pesquisador são necessárias e salutares, pois tornam possível a exploração de novos campos empíricos e de novas esferas conceituais, ainda que elas nem sempre resultem em reviravoltas do pensamento antropológico com as quais sonham seus autores!

O saber dos etnólogos não tem forma definitiva nem fronteiras imutáveis; antes, é uma ambição partilhada, uma busca difusa – a "busca da sabedoria" que, de alguma forma, nenhum deles está certo de alcançar.

Essa pesquisa sem forma, desatualizada, exige um programa especial de cada um. Não mais como uma exigência institucional (os programas apresentados pelas unidades de pesquisa ou pelas equipes de pesquisadores são, em geral, por quadriênios!). Mas como uma exigência singular e quase íntima. É a exigência de um horizonte que cada um determina – não de imediato, não sozinho, sobretudo após alguns anos de tentativas, de pesquisas e de debates públicos – e que o etnólogo coloca diante de si. Exemplos, ao acaso, disso que "mexe" permanentemente conosco: o exílio como um lugar de perdas, de mestiçagens e de identidade; a memória coletiva, a filiação e a invenção da individualidade; o sentido social nunca fixado das aparências e das diferenças (de sexo, de "raça" ou outro); o laço social e o "lugar" de emergência da violência; como viver em um mundo ansiogênico? Etc. (Encontraremos tantos exemplos quantos indivíduos inquietos diante do estado do mundo). Para cada um, uma ou duas questões primordiais, recorrentes ou evolutivas, fazem renovar sem parar as interrogações, as pesquisas e as perplexidades.

Um duplo move essas questões como um *alter ego*. Um pouco provocador, ele tem sempre uma pergunta engatilhada, e caminha, como o poeta viajante, com um passo adiante. É ele que dá a cadência e o ritmo, o entusiasmo e a felicidade da pesquisa, a excitação de algumas descobertas que repentinamente "fazem sentido". Seu desaparecimento pode se tornar morno, apático, um pouco perdido: não se sabe mais o que se busca. Depois, ele reaparece após ser esquecido. É como o fio de Ariadne de um pensamento ininterrupto, mas labiríntico, com suas avenidas principais, seus atalhos, seus desvios e seus impasses, suas pistas secretas também, e outras vias íngremes que se percorrem por um tempo, sozinho ou grudado nos outros.

Esse duplo sempre mais sábio e mais esperto do que eu é um amigo cruel. Ele é como o *riviel*, um desses espíritos naturais dos quais me falaram os habitantes da floresta colombiana das margens do oceano Pacífico. O *riviel*, em meu entendimento de ocidental, faz pensar no pirilampo. Os viajantes o veem cintilar na noite sobre a margem dos cursos d'água onde eles avançam em suas frágeis embarcações. Às vezes, o *riviel* parece estar ele mesmo numa canoa. Os que o "advinham" na escuridão, não têm realmente medo, mas de tanto fixá-lo eles se perdem às vezes fora do caminho que os conduz de volta à casa, à noite, no retorno do mercado, do bananal, da pesca ou da caça na floresta. A pequena luz do *riviel* é o caminho que encontramos sempre, que pode nos desviar e nos espera a cada nova viagem.

As questões do pirilampo espalham-se mais rapidamente do que as respostas dos etnólogos. Estes últimos raramente têm o sentimento de encontrar alguma coisa; na melhor das hipóteses, conseguem formular novas perguntas. E, no entanto, continuam. Um pouco afastado, um *riviel* mostra-lhes o exemplo e o caminho.

Cada programa pessoal tem, dessa forma, sua própria temporalidade. Longa, muito longa, ela resiste a todos os ventos contrários. Toda uma vida não é suficiente para isso. Se eu consegui estabelecer uma ligação e colocar no caminho alguns exemplos, contraexemplos, nuances, neologismos explicativos, esclarecimentos metodológicos, e até mesmo – quem sabe? – um ou dois conceitos sobre os quais poderão se apoiar interpretações e, em seguida, novas questões finalmente poderão se apoiar durante algum tempo; então outros encontrarão ali as pistas que lhes permitirão continuar.

De ano em ano, o etnólogo sente que se aproxima do questionador que lhe serve de guia. Ou ele acredita aproximar-se dele, pois termina assemelhando-se a ele. É verdade, o rosto do *riviel* não me apareceu ainda em toda sua nitidez (aliás, os viajantes negros das margens do Pacífico colombiano dizem mesmo que não se pode nunca descrevê-lo, ele é apenas uma centelha). Mas seu lugar é para mim cada dia mais familiar. Ele pode estar nas bordas do fluxo contínuo do curso do mundo, nas margens da "ordem normal das coisas", no entremeio do mangue, no intervalo entre o sólido do que está ali, mineralizado e, portanto, já da vida passada, e o líquido da vida em movimento, que hesita, avança, reflui e, permanentemente, gera o mundo.

O olhar das margens não é desprovido de ironia. É isso que permite não depender completamente da atualidade, do conteúdo das coisas cotidianas, da vida dos "outros" e, assim, preservar uma distância razoável de todo engajamento. O que seria o engajamento sem um suspiro de desengajamento e de liberdade?

Seria a hora do retorno, da viagem imóvel dos poetas? E como bem escreveu James Agee, seria a hora da consciência de uma traição passada e de uma dívida moral impagável em relação aos que me aceitaram em seu mundo, que tanto me ensinaram e que me viram partir sem compreender direito isso? A solução, para Agee, consiste em descrever com um fervor extraordinário e uma escrita poética todos os detalhes mais triviais da vida cotidiana das três famílias camponesas do sul dos Estados Unidos que o tinham aceito entre eles. Ele quis transmitir um único pensamento: na miséria social deles, o autor descobriu uma imensa grandeza moral que convém destacar [34]. O antropólogo Emmanuel Terray sugeriu o desenlace político dessa dívida moral, em uma conversa a respeito de seu engajamento em favor dos sem-documento [35]. Trata-se aqui de corresponder à hospitalidade que nos deram lá. É só isso. Como podemos nós ter sido tão bem acolhidos em uma choupana do vilarejo, ter podido dividir a refeição de uma família extremamente pobre ou deslocada, e não saber, então, "devolver" a hospitalidade aos que vêm da África ou

---

[34] AGEE J., *Louons maintenant les grands hommes. Alabama: trois familles de métayers en 1936* (fotos de Walter Evans), Paris, Plon (Terre humaine), 1972 (edição original,1941).

[35] *Sans-papier*/sem-papel, no original, expressão empregada para os imigrantes irregulares (N.T.).

da Ásia viver em nosso país, como nós vivemos no deles, em paz e livremente?

Acredito ter compreendido que o programa etnológico enquanto descoberta do mundo um dia se dissipa e se transforma em um simples olhar distanciado sobre os outros e sobre si mesmo.

Por que o que seria verdadeiro para os outros (suas "construções identitárias", suas "bricolagens culturais", suas vidas em forma de "trajetórias sociais") não o seria também para mim? Por que eu seria definido absoluta e livremente, enquanto os outros o são de forma relativa e limitada? Qualquer que seja o lugar social ocupado por cada um de nós, nossa sabedoria não se mede pelo parâmetro desse lugar, desejável, marginal ou banal. Essa sabedoria nasce de uma atitude reflexiva, e informada do fato de que nossa experiência pode ser incessantemente vista e relida à luz da reflexão dos outros, nossos contemporâneos, por mais distantes que estejam, aparentemente. Do ponto de vista da sabedoria, as hierarquias sociais, nacionais ou étnicas não têm sentido. Em resumo, essa distância de si mesmo, mais ainda que dos outros, é o que permite o verdadeiro exercício da liberdade individual, ao mesmo tempo em que ela convida ao respeito em relação ao outro.

É o momento em que o etnólogo não deveria mais dizer o que viu, pois ele sabe que traz apenas uma seleção descritiva do mundo de sua pesquisa (e não do mundo em si mesmo). A partir do momento em que fala, o etnólogo corre o risco de produzir o falso realismo que se espera dele (porque o desconhecido é uma obsessão metafísica partilhada por todos), quem sabe dando forma a um exotismo tão cheio de charme quanto incompreensível. Além disso, se o outro é incompreensível para mim, então, ele me parece absolutamente diferente, e o etnólogo fracassou na sua vontade *antropológica* de fazer compreender a "inteligibilidade mútua" entre todas as culturas e todos os humanos.

Portanto, acima de tudo deve-se dizer primeiro *como* ele viu e o que viu. Gérard Althabe defendeu essa posição de forma notável. E agora que essa reflexão chega ao fim, e que ele, sábio entre os pirilampos, apagou-se recentemente, eu gostaria de convidá-lo e escutá-lo na última página em branco. Etnólogo da África Central e de Madagascar, antes de vir pioneiramente explorar as *cités* e as "escadarias" dos HLM[36] de nossos subúrbios, ele dera um estilo muito particular a seu ensino: nenhum discurso "verdadeiro" era proferido, mas o aprendizado de uma reflexividade sobre a alteridade *in situ*. Toda narrativa de pesquisa que seus estudantes lhe apresentavam devia colocar o nome do narrador-pesquisador no interior da cena que ele descrevia[37]. Era o início do trabalho de descrição e de reflexão (e não um parêntese ou um anexo metodológico). O que estava em jogo nesta cena única da situação etnográfica desembocava nas questões mais fundamentais da antropologia: a dominação revista através da micropolítica vivida pelo próprio pesquisador; a alteridade como um fato relativo e, por assim dizer, elástico; os usos, as invenções e os deslocamentos constantes das fronteiras de identidade.

Se o etnólogo escolhe não mais dizer quais "outros" ele viu, mas como os viu, então seu verdadeiro ensino deve apenas consistir em transmitir essa *episteme* essencial, colocá-la à disposição de todos. Ela lhe é singular, mas não

---

[36] HLM - *Habitation à Loyer Modéré*/Habitação de Locação Moderada (N.T.).
[37] Ver por exemplo ALTHABE, G. , "Ethnologie du contemporain et enquête de terrain", *Terrain, Carnets du Patrimoine ethnologique*, nº14, 1990

exclusiva. Ser etnólogo é um olhar e uma maneira de ser. É a demonstração viva de que a alteridade não é a suposta diferença absoluta dos povos distantes, não é uma "verdade" estabelecida na ordem social mundial e cujas "provas" deveriam, por exemplo, ser buscadas na língua, na cor da pele ou nas crenças diferentes.

Pelo contrário, o ofício dos etnólogos mostra que a alteridade é uma atitude epistemológica reversível, um *jogo* de distanciamento intelectual. É um lugar relativo que cada um pode adotar, nós mesmos em relação aos outros, bem como em relação àqueles que encontramos e descobrimos.

Uma vez afastado o risco de atribuirmos a nós mesmos e aos outros identidades congeladas, poderemos todos cultivar nosso gosto pela diferença como um jogo, um momento estético ou simplesmente o pretexto de um encontro.

Referências

ADAMS, A. Introduction. In: PARK, M. *Voyage dans l'intérieur de l'Afrique*. Paris: Maspero, 1980.

AGEE, J. *Louons maintenant les grands hommes. Alabama:* trois familles de métayers en 1936. Paris: Plon, 1972. (Terre Humaine).

ALTHABE, G. Ethnologie du contemporain et enquête de terrain. *Terrain, carnets du patrimoine ethnologique*, Paris, 1990.

AUGÉ, M. *Les formes de l'oubli*. Paris: Payot, 1998.

_____. *Pour une anthropologie des mondes contemporains.* Paris: Aubier, 1994.

BALANDIER, G. *Sociologie des brazzavilles noirs*. Paris: Fondation Nationale des Sciences Politiques, 1955.

BENSA, A. La relation etnographique. *Enquête*, dossier Les terrains de l'enquête, Marseille: Éditions Parenthèse, n°1, p. 131-140, 1995.

BIARD, M. (Auguste-François). Voyage au Brésil (1858-1859), *Le Tour du Monde, Nouveau Journal des Voyages*, publié sous la direction de M. Édouard Charton, Paris: Librairie Hachette, 1861.

BINGER, L. G. *Du Níger au Golfe de Guinée. Par le pays de Kong et Mossi, 1887-1889*. Paris: Société des Africanistes, 1980.

BOUJU, J. Tradition et identité. La tradition dogon entre traditionalisme rural et néo-traditionalisme urbai. *Enquête*, Marseille: Éditions Parenthèse, n° 2, p.95-117, 1995.

BURAWOY, M. et al. *Global Etnography:* forces, connections, and imaginations in a postmodern world. Berkley: University of California Press, 2000.

CAILLIÉ, R. *Voyage à Tombouctou*. Paris: La Découverte, 1996.

CARNEIRO, E. *Candomblés da Bahia*. Bahia: Publicações do Museu do Estado, 1948.

DESCOLA, Ph. *Les Lances du crépuscule. Relations jivaros Haute-Amazonie*. Paris: Plon, 1993. (Terre Humaine).

DOQUET, A. Dans les coulisses de l'authencité africaine. *Les Temps Modernes*, n° 620-621, p. 115-127, 2002.

FABIAN, J. *Times and the other. How Anthropology makes its object*. New York: Columbia University Press, 1983.

LEIRIS, M. Race et civilization. In: _____. *Cinq études d'ethnologie*. Paris: Denöel, 1969.

_____. Préface de *L'Afrique fantôme*. In: _____. *Miroirs d'Afrique*. Paris: Gallimard ,1996. (Quarto).

LÉVI-STRAUSS, C. *Race et culture*. Paris: Albin Michel/ UNESCO, 2001.

_____. (Dir.) *L'identité*. Paris: PUF, 1977.

MORICE, A. L'Europe enterre le droit d'asile. *Le Monde Diplomatique*, p 14-15, março de 2004.

PARK, R. E. La communauté urbaine. Un modele spatial et un ordre moral. In: GRAFMEYER, Y.; JOSEPH, I. (Eds.) *L'École de Chicago. Naissance de l'écologie urbaine*. Paris: Aubier, 1984.

PARK, M. *Voyage dans l'intérieur de l'Afrique*. Paris: Maspero, 1980.

PEREC. G. *Espèces d'espaces*. Paris: Galilée, 2000.

RICOEUR, P. *La mémoire,l'histoire, l'oubli*. Paris: Seuil, 2000.

SOBRE O LIVRO
Formato: 14cm x 21 cm
Tipologia: Adobe Garamond Pro
Papel: Pólen 95g/m2 (miolo)
Cartão Supremo 250 g/m2 (capa)
1ª edição: 2015